[개정판]

교육연구의 원리

조정우 지음

Methodology of Educational Research

장서원 도서출판

개정판 머리말

개정판을 내게 되었다. 이유가 몇 있다. 첫째, 초판의 설명이 너무 어렵게 되어 있는 경우가 많다는 것을 발견하였다. 둘째, 설명이 어느 한 유형의 독자에게만 이해하기 쉽게 되어 있거나, 중요한 개념에 대한 다각적인 설명이 필요한 곳에도 그냥 지나치고 마는 경우가 눈에 띄었다. 셋째, 그럼에도 불구하고 이 책은 수정판을 낼 나름대로의 가치가 있다고 생각되었다. 이 책은 제목에서 감히 주장하듯 교육 연구의 원리에 충실하고자 하였다. 책의 분량은 크지 않지만, 이 책에 수록된 내용은 정말 중요한 부분이고, 이 책에서 다루지 않은 내용은 정말 몰라도 되기 때문에 그리 하였다는 자부심을 아직 가지고 있다.

이 책은 논문을 쓰는 방법을 다루는 것인데, 이 책 자체가 논문일 필요는 없다는 것을 나는 최근에야 알았다. 그래서 과거의 딱딱한 자세에서 벗어나 좀 더 자유롭게, 좀 더 다양한 유형의 독자에 맞는 여러 가지 설명 방식을 시도했다. 무엇보다도 학생의 입장에서, 연구와 이론의 본질을 정확히 파악하도록 돕는 일에 많은 공을 들였다. 독자가 지엽적인 곳에 노력을 허비하지 않고, 연구의 큰 방향을 견지하는 데 도움이 될 것이다.

대학 사회에서의 일상이 그러하듯, 때로는 교육 연구의 장면을 조금 벗어나 교육이나 인생에 대한 나의 생각도 비치었다. 지면의 낭비가 아니길 바란다.

초판 머리말에서 이 책의 가치와 관련해서, "사고의 자유를 확장하는 도구"란 말을 했었다. 그리고 "포부에 비해서 내용이 초라한 것은 후일의 숙제로 미룬다."고 했는데, 그 후일이 이제 현재가 되었다. 교육에 관한 생각, 또는 인생에 관한 생각을 함에 있어서 보다 큰 자유를 향유할 수 있도록 돕는 나의 최선은 여기까지인 것 같다. 그 이후는, 적어도 이 책의 저자가 쓰기에 적절한 말이 아니지만, 독자들의 행운을 빈다.

2008년 가을

조 정 우

초판 머리말

이 책을 쓴 것은 약 4년 전부터였다. 그 당시에는 출판을 하겠다는 뚜렷한 계획이 있었던 것이 아니고, 마음속에 있던 생각을 틈틈이 적어 두는 것으로 시작했다. 그러던 것이 어느 정도 분량이 되어 출판을 생각하게 되자 이번에는 미흡한 부분들이 자꾸만 발견되었다. 미루고 망설였던 시간이 집필 기간의 태반을 차지한다. 마음에 들 때까지 수정하자면 한이 없을 것 같아서 그냥 이 상태에서 내기로 하였다.

이 책에서 다루고 있는 것은 교육에 관한 경험을 모으고 나누는 방법, 그리고 거기에서 얻어지는 의미에 관한 생각이다. 본문에서 적절하게 표현되었는지는 모르겠으나, 어떤 절차나 공식을 논하는 자리에서도 전달하려고 한 것은 언제나 그것이 그렇게 되는 배후의 생각이었지 절차나 공식 자체가 아니었다.

이 책의 가치에 관한 질문을 받는다면 학위 논문 작성에 도움이 될 것이라고 답할 것 같다. 그러나 내심으로는 책에 있는 생각들이 사고의 자유를 확장하는 도구로 사용되길 기대한다. 교육에 관한 사고의 자유란 현상을 객관적이고 과학적으로 해석할 줄 알며, 오류에 빠지지 않는 장치를 가진 이들에게 무한히 열려 있다고 생각한다. 포부에 비해 내용이 초라한 것은 후일의 숙제로 미룬다.

2003년 여름

조 정 우

차 례

교육 연구에 대한 이해

▌교육 연구를 공부하는 사람에게 첫 번째로 해 주고 싶은 이야기

교육 연구법의 핵심을 제대로 이해하고 있는 사람은 뜻밖에 드물다. 이미 논문을 쓰고 학위를 취득한 사람들도 중요한 기본 개념이 흔들리는 경우가 많다. 교육 연구법을 배우고 가르치는 경험을 통해서 알게 된 한 가지 흥미로운 사실은 이 공부의 가장 큰 장애가 모르고 있던 새로운 사실을 알아가는 데 있는 것이 아니라, 이미 잘못 알고 있는 것을 고쳐가는 데 있다는 것이다. 그 잘못을 고쳐가는 것이 어려운 것은 그렇다 치더라도, 그렇게들 똑같은 잘못된 생각에 빠지는 이유는 아마도 사람들에게 오해를 일으키는 어떤 장치가 있기 때문인 것으로 생각된다.

가장 일반적인 오해는 교육 연구법을 공부하면 논문을 잘 쓸 수 있을 거라는 생각이다. 그도 그럴 것이, 교육 연구법에서 다루어지는 주제 이름은 그런 오해를 일으키기 충분하다. 예컨대, “논문 작성법”이란 주제가 그렇다. 마치 이 주제에 관한 공부를 마치면 논문 쓰는 방법을 처음부터 끝까지 알 수 있게 되는 것 같은 생각을 가지게 한다. 그러나 꼭 필요한 전제가 충족되지 않았을 때 논문 작성법의 지식만으로는 결코 제대로 된 논문을 쓸 수 없다.

꼭 필요한 전제란 바로 교육에 대한 이해, 좀 더 구체적으로 말하자면 교육 이론에 대한 이해이다. 교육 이론이라는 콘텐트 없이는 교육 연구법에서 다루어지는 인상 깊은 기호나 수식, 용어들은 별 의미를 갖지 못한다.

그런 사례들을 주위에서 언제나 볼 수 있다. 대학에 적을 두고 살다 보면 학위 논문 작성에 엄청나게 고생하는 사람, 끝내 실패하는 사람을 상당히 많이 접하게 된다. 그들을 관심 있게 살펴보면, 거의 대부분이 이론에 대한 이해가 제대로 되어 있지 않았음을 보게 된다. 그래서 논문이라는 전문적인 분야를 아마추어적 상식으로 접근하게 된다. 그것은 뭔가 열심히 하여 가치를 인정받으면 되겠지 하는 막연한 생각일 것이다. 그것은 다음 세 가지 전형적 유형 중 하나로 나타난다.

모든 진리를 이 논문에서 다 밝혀야지

방대한 양의 자료를 모으고 나열하여 엄청난 지식을 과시하고자 하는 유형이다. 학교와 일상생활 주변에서 열정적이고 노력하는 사람들은 항상 좋은 평가를 받는 것을 보아 온 것에서 영향을 받은 것으로 보인다. 그러나 학위 논문은 이런 것이 아니다. 축구 경기에서 처음부터 끝까지 혼자서 골을 넣으려고 하는 선수를 감독이 곱게 볼 리 없듯이, 이런 종류의 노력에 의해서 만들어진 논문을 심사 위원들이 통과시켜 줄 가능성은 거의 없다. 그나마 일찌감치 좌절을 당한다면 차라리 나으련만, 이런 사람일수록 엄청난 노력을 들인 뒤에 지도 교수나 심사 위원에게 보이는 경향이 있어, 더 많은 마음고생을 사서 하는 경우가 많다.

내 목표는 교육 현장 개선이다

잘못된 목표를 설정한 경우다. 교사들, 관료 집단, 정치권에서 귀에 못이 박히도록 들려오는 말이 일선 현장, 현장의 목소리, 현장 개선이 최우선이라는 등의 말이다. 듣기에 좋을 뿐 아니라 교사에게 자부심을 심어 줄 수 있는 말이기에, 하기 좋고, 듣는 입장에서는 무의식적으로 주입되기 쉽다. 따라서 이런 생각은 교육 현장 경험이 많은 사람일수록 빠지기 쉽다. 교육 일선에 종사하는 이들이 교육 현장을 개선하는 일에 목표를 두는 것을 잘못이라 할 수는 없다. 그러나 교육 연구에서도 같은 목표가 통하는 것은 아니다. 이 분야에서는 좀 다른 종류의 가치를 추구한다.

전 재산을 들여 형편이 어려운 학교에 시설물을 지원한 사람이 있다고 하자. 그런 사람에게 훈장이나 노벨상을 부여할 수는 있으나 석사나 박사 학위를 주지는 않는다.

교육 연구에서 추구하는 가치는 이론 형성이다. 이론이 무엇인지는 이후 자세히 다루겠지만, 교육 현장을 개선하는 방법은 교육 이론의 부산물의 하나일 수는 있다. 그건 마치 농사를 지어 추수가 끝난 다음에 하는 이삭줍기와 같다. 왜 그런가? 교육 현장 개선에 얼마나 중요한 일인데 이삭줍기에 비유하다니. 이렇게 항변한다면 대꾸할 말은 없다. 허나, 교육 연구라는 것이 이런 것임을 어찌하리. 농구 시합을 하는 데 와서 왜 이것을 하는가. 축구가 훨씬 유익하고 중요한 게임인데, 하고 주장하는 사람과 논쟁할 필요가 있을까? 같은 이치이리라.

그렇다면 농사에 있어 추수에 해당되는, 연구가 추구하는 가치는 무엇인가? 그것은 이론 형성이다. 교육에 관한 이론 형성에 기여하는 것이 연구이다. 그 부산물로 어떻게 하면 교육 현상을 개선할 수 있을지에 관한 지식을 얻는다는 것은 추수 후 이삭줍기와 같은 것이다. 농사를 지어 추수를 끝낸 사람은 이삭줍기를 하기보다는 가난한 이웃이나 새들을 위하여 슬며시 남겨 놓고 가는 것이 오히려 보기 좋다. 처음부터 추수가 아니라 이삭줍기를 위해 농사를 짓는다면 그 행위가 제대로 될 리 없다.

교육 연구의 미개척지를 개척하리라

이 생각은 교육 연구에서 독창성이 의미하는 바를 잘못 이해한 것이다. 이런 생각은 당연히 화를 부르기 쉽다. 다른 논문을 베끼는 것은 용납되지 않기 때문에 내 논문이

수많은 여타 논문과 다른 점을 가지고 있어야 한다. 그래서 다른 논문은 무엇을 다루고 있나 조사해 보고 다루어지지 않은 분야가 무엇인지를 찾아 그 분야에 도전해 보겠다는 생각일 것이다. 그러나 이런 접근은 교육 연구에서 가치가 없는 분야를 붙잡고 씨름한 결과를 가져오기 쉽다. 이런 생각이 심사 위원들에게 어떻게 여겨질지. 앞서 연구한 그 무수한 연구자들이 생각해 내지 못한 중요한 문제를 포착했다고 생각할까, 아니면, 이 연구자가 아무도 중요하다고 여기지 않는 문제를 붙잡고 씨름하고 있다고 생각할까? 어느 것이 더 합리적인 추측일지 생각해 보면 알 수 있을 것이다.

이런 식의 접근이 위험한 또 한 가지 이유는 이것이 지도 교수나 심사 위원에게 치명적으로 나쁜 인상을 주기 때문이다. 학위 논문은 교육학에 대한 공부를 다 마치고 마지막에 쓰는 것인데 이 사람은 지금까지 배웠던 것을 다 버리고 새로운 분야를 시작하려 한다는 것이다. 그것은 그동안 배운 것에 대해 신통치 않다고 생각하거나, 배운 것을 거의 이해하지 못 하고 있다는 사실을 자인하는 것이나 같다. 그리고 다시 기본을 습득하여 성과를 낼 가능성이 크지 않다는 것을 짐작할 수 있게 한다.

지금까지 소개된 세 가지 유형의 생각은 일견 큰 허물은 아닌 듯 보인다. 첫 번째는 의욕 과잉이며, 둘째는 교육에 대한 열정을 가진 사람의 특성이며, 셋째는 창조적인 성향이 강한 사람의 특성인 것처럼 보일 수 있다. 그러나 사실은 그렇지 않다. 이것은 이론에 관한 이해가 없는 사람들에게서 나타나는 전형적인 반응이다. 바둑, 스케이트, 혹은 자전거를 배워본 적이 있는 사람은 알 것이다. 이런 경우 초보자들이 항상 범하는 공통적인 행동이 있다는 것을. 연구에서도 그런 것이 있다. 초보자들이 빠지게 되는 공통적인 함정이 있는 것이다. 교육 연구의 장에서 이론에 대한 이해가 부족한 것은 작은 허물일 수 없기 때문에 이들이 어려움을 겪는 것은 어쩌면 당연하다고 할 수 있다.

▌교육 연구를 왜 하는가?

사람들에게 교육 연구를 하는 목적이 무엇이냐고 물으면 대부분은 교육을 개선하기 위함이라고 말한다. 교육 연구의 목적은 교육의 이론 형성에 기여하는 데 있다. 이론이 발전하면 교육 실천도 개선될 것이므로 두 가지 답은 결국 마찬가지라고 생각할지도 모르겠으나, 엄정성과 객관성을 추구하는 교육 연구에 있어서 이 차이는 크다. 연구 주제의 선정이나, 연구를 진행시키는 방법에서나, 보고서를 작성하는 과정에서, 시종일관 이론 형성에 기여한다는 연구의 목적에 투철하지 못하다면 그것은 연구가 아닌 다른 일로 끝날 가능성이 높다.

나폴레옹에 대해 연구하는 한 역사학자가 이런 말을 한 적이 있다. 자신은 일반인들로부터 역사 연구를 왜 하느냐는 질문을 받았을 때 그는 과거의 역사로부터 미래의 역사에 대한 교훈을 얻을 수 있다고 대답하지만, 그것은 사실이 아니라는 것이다. 그것은 질문을 한 상대를 만족시키기 위한 대답이고, 사실 그가 연구에 몰두하는 진짜 이유는 그 특정 시기에 나폴레옹의 주변에서 무슨 일이 생겼는지가 너무나 궁금하기 때문이라는 것이었다. 연구의 실제는 종종 일반의 추측이나 기대와 다르다는 것을 보여 주는 예다. 왜 어떤 일을 하냐고 물을 때 사람들은 구체적인 실익을 기대한다. 그러나 유감스럽게도 그것은 간접적인 목적이며, 보다 직접적인 목적은 따로 있을 때가 많다.

교육 연구의 목적도 이와 유사한 방법으로 설명될 수 있을 것 같다. 교육 연구를 하면 교육 현장을 개선시킬 수 있다는 것은 일반인에게 설득력이 있는 설명이지만, 교육 연구의 진짜 이유는 교육 현상이 어떤 모습으로 존재하는지에 대한 안목을 갖기 위함이다. 현상이 어떤 모습으로 존재하는지에 대한 안목, 이것이 곧 이론이다. 따라서 교육 연구의 목적은 이론 형성에 있는 것이다. 교육 현장 개선은 연구 이후에나 있을, 연구와는 조금 다른 무엇이다. 다시 강조하거니와, 교육 연구의 목적은 교육 현상에 대한 이해, 곧 이론 형성에 있다. 따라서 좋은 논문을 쓰려면 교육 이론에 대한 이해와 통찰이 있어야 한다. 교육 연구란 교육 이론에 관한 문제이기 때문이다.

교육 연구 방법이란 결국 교육 연구, 즉, 교육 이론을 수립하는 목적을 달성하기 위하여 어떤 원칙을 가지고, 어떤 일들을 하며, 어떤 일들을 하지 않느냐를 따진다. 이런 일들을 위해 먼저 교육 이론에 대해 이해하자.

읽을거리 • • •

코끼리와 뱀의 리포트

코끼리를 냉장고에 넣는 법을 아는가? 답은 이렇다.

첫째, 냉장고 문을 연다.
둘째, 코끼리를 냉장고에 넣는다.
셋째, 냉장고 문을 닫는다.

재미없는 낡은 개그라 여기는가? 그렇다면 다음 이야기를 보자.

한 대학원 학생이 구두시험을 보게 되었다. 걱정이 된 학생은 여기저기 수소문해 정보를 구했다. 그런데 대답이 한결같았다.

"걱정 마, 그 교수가 내는 문제는 언제나 똑같아. 뱀에 대하여 아는 것을 전부 말하라, 이렇게 물을 거야."

그래서 이 학생은 뱀에 관한 자료를 모아서 완벽하게 준비를 마쳤다.

"뱀은 파충류로서, 아홉 개의 마디로 되어 있습니다. 그리고 ……"

이렇게 시작되는 대사를 마련하여 완전히 외우고 리허설까지 마쳤다.

시험 날이 되었다. 교수가 낸 문제는, “코끼리에 대해 아는 것을 전부 말하라”였다.

학생이 뭐라 말했는지 아나?

“코끼리는 포유류로서 뱀과 같이 생긴 코를 가지고 있습니다. 그런데 뱀은 파충류로서, 아홉 개의 마디로 되어 있고 ……”

이건 좀 웃겼나? 실은 웃자고 한 얘기는 아니다. 이 두 이야기는 많은 대학원 학생들이 리포트를 작성하는 방법이다. 전자는 알맹이 없이 형식적으로만 그럴듯하게 꾸민 경우이고, 후자는 자신에게 유리한 방향으로 주제를 슬쩍 바꾼 것이다. 둘 다 지적으로 정직하지 못하다. 점수를 좀 잃더라도 이런 리포트는 쓰지 말자.

이론에 대한 이해

▮ 이론을 이해하기 위하여

이론은 직선이나 삼각형처럼 명쾌한 정의가 내려지기 어려운 무엇이다. 그것은 복잡하고 불확실성을 포함하고 있으며, 무엇보다도 고정된 모습이 아니라 자꾸 변화하는 속성을 가지고 있다. 이를 설명하기 위해 몇 가지 노력을 되풀이할 것인 바, 하나의 설명 방식에 다 담지 못하는 부분을 다른 설명 방식에 의해서 보완하는 식의 노력을 통하여 차츰 이론의 실체에 대한 이해에 도달할 수 있기를 기대한다. 다음 이야기를 읽고 생각해 보자.

이야기 1. 아폴로 사건

내가 어렸을 때, 아폴로 11호가 달 착륙을 한 일이 있었다. 당시 그것은 온 세상의 이목이 집중될 만큼 큰 사건이었다. 그 장면은 TV를 통해 전 세계에 중계되었다. 우리

집에도 흑백 TV가 있었다. 아버지, 어머니, 아들 삼 형제, 이렇게 온 가족이 TV 앞에 모였다. 내 발걸음은 평범한 것이지만 그것은 인류의 거대한 진보를 의미한다는 암스트롱의 말이 감동적으로 들려 왔다. 그런데 어디선가 가늘게 코고는 소리가 들렸다. 인류가 최초로 달에 발을 딛는 이 순간에 어머니께선 주무시고 계신 것이었다. 내겐 그것이 잘 이해되지 않았다.

그런데 우리가 보기엔 별 이유 없이 어머니가 벌떡 일어났다. 그리고 밖에 나갔다가 잠시 후 들어오셨다. 그리고 다시 누워서 잠을 청하셨다. 형이 물었다.

"엄마, 어디 갔었어?"

"빨래 걷고 장독 덮고 왔다. 너희는 비 오는 게 보이지 않던?"

우린 보지 못했다. 우리에겐 우주선과 달을 걷는 우주인이 보일 뿐이었다. 그런데 코를 골며 자던 프로 주부의 눈엔 비가 와서 젖고 있는 빨래와 장독대가 보였던 것이었다.

이야기 2. 소설 동의보감에서

다음은 이은성 (1990)의 "소설 동의보감(上)"에서 인용한 것이다 (pp. 101-102).

유의태를 따라 아들과 제자들이 다음 사람에게로 이동했다.

"그대는 어찌 왔나?"

"두엄을 펴 나르다가 논꼬에서 발목이 삐끗하더니만…… 금시 이렇게 퉁퉁 부어 올라선…… "

유의태가 그 발목을 움켜 잡았다. 사내가 비명을 내질렀다. 손을 놓으며 유의태가 아들에게 명령했다.

"침 놓아라. 호침(毫鍼)을 쓰되 취(取)할 곳은 신유(腎兪)와 좌측 팔요다."

아들 도지가 침통을 열다 말고 의아한 얼굴을 했다.

"소자의 눈에는 발을 삐었을 뿐으로 보입니다."

"발 삔 것쯤은 차가운 물수건에 싸두면 대엿새면 낫는다. 하나 이 사람은 평소 신(腎)이 온전치 않아 걸핏하면 넘어지는 병이니라."

"신이라니요?"

부자의 말을 듣고 있던 병자가 끼어들자 유의태가 웃지도 않고 대꾸했다.

"신도 몰라. 사내는 다 차고 다니는 게 신이지. 자네."

"예에……"

"두 쪽 매달린 게 남들보다 반쪽도 못되는 작은걸 차고 있어."

"……예……음, 마…… 맞습니다."

"약도 지어 주어라. 팔미환(八味丸)."

붓을 든 제자가 새삼 병자의 사는 고장과 성명을 물었고 스승의 처방도 잇따라 써 갈기는 사이 손에 수건을 갈아 싼 유의태가 다음 병자에게 다가앉았고 발을 삐었다는 사내는 수건을 대령한 제자와 도지에게 부축되어 웃 방으로 옮겨지며 숨차게 소리쳤다.

"죽지는 않을 병인지 말해줍쇼."

"죽진 않아. 하나 행여 장가들 생각은 마라. 자식도 낳지 못할 게고 어차피 지집은 도망치고 말 터인 즉슨……"

기대를 걸고 필사적으로 바라보던 병자가 갑자기 고개를 떨구며 목 안을 메어오는 울음을 틀어내며 웃 방으로 옮겨졌다.

어떤 독자는 이미 짐작하였을 것이다. 위 두 이야기에서 무슨 말이 나올지 말이다. 단련을 통해 한 분야에서 어떤 경지에 오른 사람의 상태에 관한 이야기이다. 이 이야기를 소개하는 이유는 이론을 갖춘 사람의 상태가 이와 흡사하기 때문이다. 이론을 가졌을 때 그 사람의 눈엔 다른 사람에게 안 보이는 것이 보인다. 이론이란 결국 세상을 보는 눈이다.

이야기 3. 이차함수 공부

이 이야기는 내가 경험하고 생각했던 것을 수필 형식으로 쓴 것인데, 이론의 다른 한 측면을 설명할 수 있다고 생각해서 여기 실었다. 아까 이론은 현실을 보는 눈이라고 했는데, 여기서는 다른 방식으로 이야기되고 있어 혼란스러울 수도 있겠다. 그러나 이론은 눈의 기능을 하기 위해 이와 같은 시스템의 구조를 가지고 있는 것이다. 이 이야기의 기본 아이디어인 시스템적 사고에 관해서는 시스템수학연구소장 여운방 박사로부터 배운 것임을 밝힌다.

이차방정식 공부를 하던 한 꼬마 친구가 갑자기 물었다. 도대체 왜 이런 것을 배워야 하느냐고. 적절한 대답을 해

주지 못했다. 하지만 그 질문은 내내 머릿속에 맴돌고 있었다.

먼저, 슬프고도 현실적인 대답 방식을 소개한다.

이차방정식을 모르고는 수학을 할 수 없어. 수학을 못하면 절대로 공부를 잘 할 수 없는 거 알지? 네가 원하는 대학에 갈 수가 없단 말야. 대학을 못 나오면 어떻게 되니? 직장을 구할 수가 없어. 너 실업자 될래? 너 노숙자 될래? 어딜 가, 새꺄.

이것이 슬픈 이유는 교육의 품위가 이토록 추락하였기 때문이요, 이것이 현실적인 이유는 우리 사회가 정말로 이렇게 되어 있기 때문이다. 그러나 어떤 대접을 받더라도, 교육의 고귀함이 사라지는 것은 아니다. 밥그릇 같은 이유 말고도 공부는 정말로 할 가치가 있다.

이차함수는 무한대의 수들이 일정한 법칙 속에서 존재하는 아름다운 세계다. 그 그래프는 분수처럼 정갈하고, 거기에는 최대값, 최소값이라는 스타가 존재한다. 그 스타는 스스로 잘나서가 아니라, 이차함수라는 시스템이 탄생시킨 것이다. 이 시스템을 구성하는 법칙을 파악하는 것이 이 공부의 핵심이다. 이 법칙을 외면하고 끝없는 계산만 반복하는 것은 창고 가득히 잡동사니를 모으는 것과 같다.

공부를 하는 것은 우리 마음속에 큰 건물을 짓는 것과 같다. 건물을 짓기 위해서 우리는 전체 구조를 가져야 하고, 자료를 연결시킬 수단을 필요로 한다. 마찬가지로, 시스템의 한 부분은 전체 시스템 속에서 하나의 기능을 갖고, 또 다른 부분과의 사이에서도 어떤 역할을 한다. 우리가 숫자 6을 배웠다고 치자. 그것만으로는 아무 의미가 없다. 그러나 우리가 6이 전체 수의 체계 속에서 존재하는 하나의 원소임을 파악할 때, 6은 2의 배수요 18의 약수요, 7보다 작은 수임을 알 때, 6은 비로소 창고 속의 잡동사니가 아니라 궁전의 일부가 되는 것이다.

우리가 공부를 하는 궁극적인 이유는 우리의 마음이 거할 집을 짓기 위함이다. 어떤 집은 창고 같은 건물에 잡다한 물건들만 너저분하게 널려 있다. 이런 집은 초라하다. 땅값, 아파트값 신경 쓸 필요 없이, 초라하고 궁핍한 마음을 털어 버리고, 널찍하게 터를 잡아 보자. 그리고 마음이 거주할 튼튼하고 아름다운 집을 짓자. 열심히 개발한 통찰력으로 전체 형태를 아름답게 가꾸고, 치밀한 논리로 견고하게 이어서, 거짓이나 미신의 유혹에 흔들리지 않는 단단한 집을 만들자.

내 꼬마 친구가 아름답고 자랑스러운 자신의 마음의 집을 지을 것을 기대한다. 그 어떤 백만장자도 넘볼 수 없고 다만 부러워할 수밖에 없는 집을. 그 집에 다른 사람을 초대하고, 또 다른 사람의 멋진 집도 구경하면서 사는 행복을 맛보길 바란다.

퍼즐. 시스템 구성의 한 모습

앞에서 이론의 시스템적 성격을 소개했다. 이번에는 시스템 구성의 과정과 그 일의 성격을 보이고자 한다. 여기 소개된 퍼즐은 박부성 (2001)의 책 “영재들의 수학 퍼즐” (pp. 27-28, 141-143)에서 발췌한 것이다.

전제:

1. 색깔이 다른 5채의 집이 일렬로 있다.
2. 각 집마다 서로 다른 국적을 가진 사람이 살고 있다.
3. 다섯 사람은 어떤 종류의 음료를 마시고, 담배를 피우며, 동물을 기르고 있다.
4. 어떤 두 사람도 음료나 담배, 또는 키우는 동물이 일치하지 않는다.

조건:

1. 영국 사람은 빨간 집에 산다.
2. 스웨덴 사람은 개를 기른다.
3. 덴마크 사람은 차를 마신다.
4. 초록 집은 하얀 집의 왼쪽 집이다.
5. 초록 집에 사는 사람은 커피를 마신다.
6. 펠멜(Pall Mall) 담배를 피우는 사람은 새를 기른다.
7. 노란집 사람은 던힐(Dunhill) 담배를 피운다.
8. 한 가운데 집에 사는 사람은 우유를 마신다.
9. 노르웨이 사람은 첫 번째 집에 산다.
10. 블렌드(Blend) 담배를 피우는 사람은 고양이를 기르는 사람 옆집에 산다.
11. 말을 기르는 사람은 던힐 담배를 피우는 사람 옆집에 산다.
12. 블루 매스터(Blue Master) 담배를 피우는 사람은 맥주를 마신다.
13. 독일 사람은 프린스(Prince) 담배를 피운다.
14. 노르웨이 사람은 파란 집 옆집에 산다.
15. 블렌드 담배를 피우는 사람은 생수를 마시는 사람과 이웃이다.

그렇다면, 금붕어를 키우는 사람은 누구일까요?

이 문제를 풀기 위해서 어떤 활동이 필요한가 생각해 보자. 먼저 전제가 주어졌다. 그 전제를 의심해서는 안 되고 그 안에서 생각해야 한다는 것이 이 게임의 룰이다. 다음, 조건을 분석하는 작업이 따른다. 조건은 일차적으로 그 자체가 문제를 푸는 실마리가 되기도 하지만, 더 나아가 다른 조건과의 관계 속에서 새로운 사실이 발견되기도 한다. 이 조건들을 분석하는 도구는 단순하고 순수한 논리, 즉 :

A는 A이다 (동일률).

A는 non A가 아니다 (모순률).

A도 아니고 non A도 아닌 제 3의 개념은 없다 (배중률).

그렇게 발견된 모든 것들을 종합하면 다음과 같은 그림이 그려질 것이다.

노르웨이	덴마크	영국	독일	스웨덴
노란집	파란집	빨간집	초록집	하얀집
생수	차	우유	커피	맥주
던힐	블렌드	펠멜	프린스	블루매스터
고양이	말	새	금붕어	개

문제에서는 금붕어를 키우는 사람이 누구인지를 물었으나, 우리는 이 퍼즐에 등장하는 모든 것들이 존재하는 양태에 대한 전체 그림을 얻을 수 있다. 한 가지, 이 퍼즐은 인위적인 것이므로, 전제와 조건이 일치하였으나, 현실적인 이론에서는 관찰된 사실이 전제와 불일치하거나 관찰된 사

실 사이에서 모순점이 발견되기도 한다. 그 때에는 전제를 다시 살피게 된다. 이렇게 이론은 조금씩 변화하며 발전한다.

▌이론의 실태

이론은 한마디로 눈이라 하였다. 현상을 보는 눈, 그것이 이론이다. 이를 좀 더 자세히 설명하기 위하여 아인슈타인이 든 예를 인용하겠다.

결코 안을 들여다 볼 수 없는 시계가 있다고 하자. 그 시계의 내부가 어떻게 생겼는지를 알기 위해서 사람들은 여러 가지 관찰도 하고 실험도 해 볼 것이다. 그 관찰과 실험이 체계적으로 누적되면 될수록 시계의 내부에 대한

1) 구체적이고,
2) 내적으로 일치된

설명을 할 수 있게 될 것이다. 이것이 시계의 내부에 대한 이론이다. 다르게 표현하자면 이것은 또한 시계의 내부를 보는 눈이기도 하다. 서로 다른 이론의 눈으로 같은 현상을 보면 그것은 당연히 서로 다르게 보일 것이다. 예를

들어 철수가 방정식 시험에서 100점을 받았다고 할 때, 이 현상은 행동주의 심리학자의 눈에는 철수의 학습 결과가 방정식을 잘 풀 수 있도록 조건화된 것으로 보일 것이다. 그러나 인지주의자의 입장에서는 철수의 인지구조가 방정식 풀이의 핵심을 포착한 것으로 볼 것이며, 인본주의자라면 이 현상을 놓고 철수의 학습 동기나 자아개념 등에 대하여 주목할 것이다. 이 중 어느 쪽이 옳은지를 판정하는 것은 대부분의 경우 가능하지 않다.

이론의 한 특징은 그 진위가 결코 완전히 검증될 수 없다는 데 있다. 다만 어떤 이론에 의거한 설명이 보다 구체적이고 내적으로 일치될 때, 그 이론이 보다 현실을 잘 반영하였으리라고 생각할 수 있다. 반대로 현상에 대한 설명이 거듭되는 연구에도 불구하고 모호하거나, 서로 모순되는 결과로 나타날 때, 이 이론은 변화되거나, 또는 더 이상 유용하지 않은 것으로 판명될 것이다.

이론을 구성한다는 것이 어떤 종류의 일인지를 설명하기 위하여 먼저 전형적인 이론 한 가지를 소개하고, 그 속성을 찾아보고자 한다. B. S. Bloom(1976)의 학습이론을 예로 들겠다.

문제의 발단은 학교 학습의 결과로 나타나는 학업성취도가 학습자에 따라 다르게 나타나는 현상에 대한 설명이었다. 이 학습 개인차가 나타나는 현상에 대한 종래의 설명은 다음과 같았다.

There are GOOD LEARNERS and there are POOR LEARNERS.
어떤 학생은 똑똑하고 어떤 학생은 신통치 않기 때문이다.

이러한 기본적인 시각에서, 종래의 교육 연구는 학습자의 학업성취도를 예언하는 데 큰 성과를 거두었다. 그 예언 요소 중 가장 먼저 생각할 수 있는 것이 지능이기에 지능지수와 학업성취도의 관계는 교육 연구의 단골 메뉴가 되었다. 이 밖에도 부모의 사회경제적 지위, 교사의 경력 및 학력, 학교에서 교육에 할당한 시간 등이 학업성취도와 어떤 관계가 있는지 연구되었다. 그 결과는 대부분 연구자의 기대에 부응하여 이러한 요인들이 학업성취와 상당한 관계가 있음이 입증되었다. 따라서 이러한 요인들로부터 학습의 개인차는 설명되고, 한 학습자의 성취도 또한 어느 정도 예측할 수 있게 되었다.

그런데 학습에 있어서 개인차가 나타나는 현상에 대한 Bloom의 설명은 종전의 그것을 정면으로 뒤엎은 것이었다.

There are FAST LEARNERS and there are SLOW LEARNERS.
어떤 학생은 금방 배우고 어떤 학생은 시간이 더 걸린다.

이러한 시각의 차이가 가져온 결과를 눈여겨보는 것이 중요하다. 먼저 종래의 설명은 공부를 못하는 학생에 대하여 그 이유를 설명할 수 있을지는 몰라도, 개인차를 줄일 수 있는 방법을 제시할 수 없다. 그러나 Bloom의 설명은 공부를 못하는 학습자도 학습 시간을 더 많이 제공한다면 잘 하는 학생과의 차이를 없앨 수 있다는 것을 의미한다. 그렇다면 이러한 맥락의 연구가 주목하여야 할 대상은 과거의 연구 방향에서 다루었던 것처럼 변화시키기 어려운 것이 아닌, 사람의 노력으로 변화가 가능한 무엇이어야 할 것이다. 이러한 생각을 뒷받침하기 위하여 Bloom과 그 선상의 연구자들은 수많은 실험 연구를 통하여 학습의 개인차를 가져오는 요인을 찾기 시작하였다. 그 요인이란 것은 만일 모든 학습자에게 동일한 조건으로 주어졌을 때 개인차가 줄어드는 결과를 가져오는 것을 말한다.

이러한 노력에 의해서 발견된 사실은 다음과 같다. 첫째, 학습자가 학습에 투입되기 전, 사전에 알고 있어야 할 지식이나 기능(선수학습) 요인이 학습 개인차의 약 50%를 설명한다. 둘째, 학습 동기 요인이 개인차의 약 25%를 설명한다. 셋째, 가르치는 방법(교수의 질) 요인이 개인차의 약 25%를 설명한다.

이러한 사실은 위 요인들이 학습의 결과인 학업성취도의 원인으로 작용한다는 것을 의미한다. 또한 위 요인들과 관련된 모든 조건이 최적으로 제공된다면 학습의 개인차는 없어지고 학습자는 모두 완전한 학습에 이를 수 있다는 것을 의미한다. 이것은 학습을 설명하는 과거의 요인들보다 훨씬 더 강력하고, 보다 직접적으로 학습의 과정을 설명할 수 있다는 점에서 그 유용성이 높다. 더 강력한 설명을 제공할 수 있다는 것은 후에 이 새로운 변인들이 학업성취도와의 상관관계가 더 높다는 것으로써 입증되었으며, 보다 직접적으로 학습의 과정을 설명할 수 있다는 것은 학업성취를 설명하는 과거의 변인들(IQ, 교사의 특성, 학습에 할당한 시간, 부모의 사회경제적 지위 등)이 비교적 변화시키기 어려운 성격을 갖는 데 비하여 새로운 변인들(선수학습, 교사가 가르치는 방법, 실제 학습에 투입된 시간, 가정에서 이루어지는 과정 등)은 노력에 의하여 변화가 가능한 변인이므로 교육의 개선에 더 많은 시사를 줄 수 있다는 의미를 갖는다.

방금 변인이란 새로운 단어가 나타났는데, 그 전까지는 요인이란 말로 설명하다 슬그머니 변인이란 말로 바뀌었음을 알아챈 독자도 있었을 것이다. 학업성취도, 선수학습, 교수 방법 등의 사이에 각각 독자적인 인과관계가 전제될 수 있는 순간, 이들을 변인(변수라고도 한다)이라는 말로 칭하는 것이 보다 적절하기 때문이었다. 변인은 변할 수 있는 특성을 가리키는 말로, 독립변인과 종속변인 중 하나라는 의미를 갖는다. 물론 독립변인은 원인에, 종속변인은 결과에 해당하는 특성이다. 위의 예에서는 선수학습과 교수 방법은 원인에 해당하는 독립변인이고, 학업성취도는 결과에 해당하는 종속변인이다. 따라서 사전 지식이 잘 갖추어져 있는 학생은 남보다 공부를 더 잘 할 것이고, 좋은 방법으로 가르침을 받은 학생도 공부를 잘 할 것이며, 이 두 조건이 다 좋은 학생은 더더욱 잘 할 것이라는 해석이 가능하다. 이 변인에 관해서는 다음 장에서 조금 더 설명하겠다.

이러한 생각의 기반 위에서, 구체적인 연구의 관심은 각각의 변인을 결정하는 구체적인 요소들은 무엇이며, 그것들은 어떻게 작용하는지에 모아질 것이다. 또 그 후에는 각 요소들을 더욱 세분화하거나 모호했던 부분을 구체적으로 검증하게 될 것이다. 결국 이러한 노력이 계속되며 학습에 대한 하나의 지식 체계가 구성되며, 그로 인하여 점차 학습이라는 현상을 설명함에 있어서 구체성과 일관성을 더해 갈 수 있을 것이다. 이것이 학습에 관한 한 가지 이론의 예이다.

이러한 이론의 눈은, 교육 실천에 관한 여러 가지 시사점을 제공할 수 있다. 한 예로, 교육이 변화시키기 어렵고 간접적으로 작용하는 것들로부터 변화가 가능하고 직접적으로 작용하는 요인들로 관심의 방향을 바꾸어야 한다는 점을 도출할 수 있다. 또 학습의 개선을 위해서, 평가가 학생들을 최종적으로 판정하는 역할만 할 것이 아니라, 수업 시작이나 중간에 학생의 상태와 교수 방법의 효율성을 진단하는 목적에 활발히 사용되어야 한다는 점도 지적될 수 있겠다.

이제 애초에 언급했던 이론과 교육 실천의 문제로 돌아

가자. 연구의 목적이 교육 개선이 아니라 교육의 이론 형성에 기여하는 것이라는 말은 연구가 교육 개선과 관계가 없다는 뜻이 아니라, 현실에 대한 이론의 보다 분명한 역할을 말하는 것이다. 위에서 예로 든 바와 같이, 교육 개선의 지혜는 이론이라는 눈으로부터 나온다.

이론의 나무 키우기

지금까지 이론에 대한 설명과 예를 제시하였다. 여기에서는 이론은 어떻게 형성되는가, 다시 말해서 현상을 보는 눈이라는 것은 어떻게 생기는가 하는 문제를 논의하고자 한다.

이론의 형성은 물론 교육에 관한 지식을 체계적으로 누적시킨 결과이다. 그러나 지식만이 이론 형성에 관계되는 것은 아니다. 그 지식을 구하는 방법, 구해진 지식을 조직하여 체계화하는 방법 등은 지식을 얻는 것과는 좀 다른 지적 활동의 소산이다. Bloom의 경우를 예로 들어 설명하자면, 학습이라는 현상에 대한 모든 설명의 근간이 되는 생각은 학습의 개인차를 선천적인 특성에 의한 것으로 보지 않고, 개인의 학습 속도 차이에 의해서 나타나는 것으로 본 것이었다. 다시 말하여 모든 학습자에게 완전한 학습의 가능성이 있다고 본 것이었다. 이 생각의 진위를 판정하는 것은 불가능하지만, 이후의 모든 이론적 진전은 이러한 기본 전제에 근거한 것이었다. 이러한, 검증되지는 못하지만 논리적 진전의 근거가 되는 생각을 가정(Assumption)이라고 한다.

이 예에서의 가정을 타당한 것으로 받아들인다면, 개인차의 원인이 되는 요소들을 학습자와 학습 환경으로부터 찾을 수 있다는 논리에 귀결하게 될 것이다. 즉, 이러한 요인들을 최적화한 이상적인 조건이 제시된다면 학습의 개인차를 없앨 수 있다는 생각을 할 수 있다. 이것은 이 이론 형성에 기여하는 모든 연구를 관통하는 기본 규칙이라 할 수 있다. 이러한 것을 원리(Principle)라 한다. 가정은 직관이 개입하고 불확실성을 내포하지만, 원리는 가정에 대한 논리적 귀결이므로 원리의 타당성은 해당 가정의 타당성에 의존한다.

이러한 가정과 원리에서 출발한 이후의 과정은 학습의 요소들을 세분화하고 그 관계를 설정하는 일이 될 것이다. 이 과정에서 연구자들은 개별적 사실을 일반화할 수 있는 방법을 모색하게 된다. 그것은 주로 하나의 특성과 다른 특성 사이의 인과관계를 찾는 일일 경우가 대부분인데, 이것이 바로 연구의 영역이다.

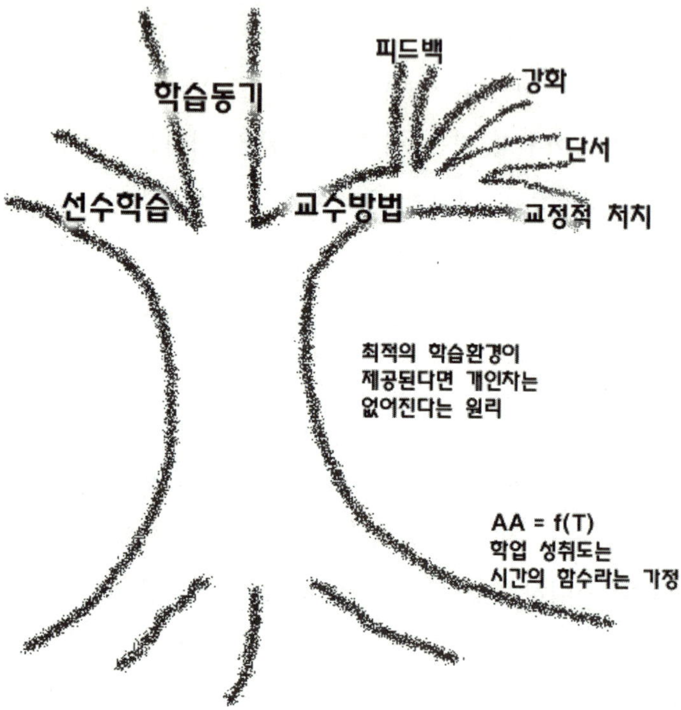

[그림 1] 이론의 나무

이러한 이론 형성 과정은 그 모습이 나무와 비슷하다. 위 [그림 1]에서 제시된 나무의 모습을 보자. 전체의 나무를 지탱해 주는 것은 뿌리이다. 뿌리는 이론 형성 전반에 근거가 되는 전제 또는 가정이다. 전제 또는 가정은 완전히 증명될 수 없지만 그것이 참임을 믿으며, 다른 원리나 사실을 발견하고 해석하는 데 바탕이 되는 생각이다. 그

뿌리 위에서 줄기가 형성된다. 그것은 이 이론의 형성을 뒷받침하기 위한 지식의 범주와 방향을 규정하는 원리이다. 다음은 줄기가 가지를 쳐 세분화되고 점점 구체성을 더하는 과정인데, 이것은 여러 가지 인과관계 형태를 포함한 지식의 축적이 될 것이다.

이와 같이 이론은 유형이 서로 다른 몇 가지 형태의 지적 활동들이 나무의 모습으로, 유기적으로 결합된 형태로, 형성되어 간다. 그 가지가 잘 뻗어나가지 못할 때 줄기나 뿌리를 다시 살펴보듯이, 연구 결과가 교육 현상에 대한 구체적인 설명을 제공할 수 없거나 서로 불일치한 모습을 보일 때 연구자들은 이론의 기반이었던 전제 또는 가정을 재검토하게 된다. 그렇게 하여 현상을 보다 구체적이고 일관성 있게 설명할 수 있는 새로운 가정이 발견된다면, 다시 그 위에서 지식의 나무가 새롭게 자랄 것이다. 이론이란 이런 모습으로 발전하거나 변화되어 간다.

이제 최초의 질문으로 되돌아가겠다. 교육 연구를 왜 하는가? 교육 연구의 목적은 이론 형성에 기여하는 데 있으며, 그것은 지식의 나무를 기르는 일에 기여하는 것이며, 또한 지식의 나무 위에 하나의 지식을 첨가하거나, 나무의 형태를 변화시키는 일이다. 연구자로서 중요한 것은 비록 지엽적인 지식을 첨가한다 할지라도 전체의 나무(이론)를 가지고 있어야 한다는 점이다. 연구자는 자신이 일하는 분야가 전체 나무에서 어디에 속하며, 어떤 의미를 갖는지

항상 파악하여야 한다. 연구는 전체 나무를 다루는 것이 아니라, 그 중 아주 작은 일부를 대상으로 하는 것이지만, 전체가 없는 일부는 의미가 없다. 따라서 전체의 틀에서 분리된 단편적인 지식은 연구 대상이 되지 못한다. 똑같이 화장실 청소를 하고 있다 하더라도 어떤 사람은 그 건물의 주인일 수도 있고, 어떤 사람은 가난하고 피로에 찌든 노동자일 수도 있다. 연구의 장면에서 이와 같은 딱한 연구자가 되어선 안 되겠다.

지금까지의 이야기, 교육 연구에 대한 이해와 이론에 대한 이해는 두 가지가 합하여 교육 연구 방법을 공부하기 위한 전제이다. 한마디로, 교육 연구란 이론 형성에 기여하기 위한 목적에 조금씩 가까이 가기 위해 새로운 지식을 보태는 일이며, 이론은 여러 지식과 그들 사이의 관계로 구성된 어떤 시스템이다. 대부분의 경우 교육 연구는 제한된 영역에서 하나의 특정 지식을 얻기 위한 노력인데, 그 지식은 전체적인 이론의 틀 속에서 하나의 의미를 가질 때에 한하여 가치가 있다는 것, 그리고 그 의미를 포착하는 능력이 무엇보다 중요한 연구 역량이라는 것을 이해하여야 할 것이다. 다음에 나오는 읽을거리에서는 이러한 이론들이 서로 부딪쳐서 다투면 어떤 말들이 오갈 수 있는지를 보이기 위해, 한 이론의 입장에서 다른 이론을 공격하는 예를 소개한다. 이렇게 해서 이론의 여러 측면을 경험하게 하려는 취지이다.

다음 장에서는 본격적으로 특정 교육 지식을 형성하는 방법, 즉 일반적으로 말하는 교육 연구법에 대한 설명이 이어진다. 여기에서도 지식 습득에 대한 근본적인 정신, 또는 그 전제를 먼저 이해하고 나면 좋을 것으로 생각하여 소개하였다. 핵심은 교육 연구에 객관성을 부여하기 위한 노력과 그 중요성에 있다.

읽을거리 • • •

파블로프의 죽음

임종시의 이반 파블로프는 자신을 마지막 연구 대상으로 선택하였다. 생명이 서서히 꺼져 가는 동안, 그는 자신의 증상과 지각을 신경병리학자의 입장에서 정확히 기록하였다. Gantt(1941)의 기록에 따르면, 임종 직전의 파블로프는 잠깐 잠이 들었다 눈을 떴다. 그는 팔꿈치로 몸을 일으켜 세우며 이렇게 말했다. "시간이 늦었구나. 누가 옷 입는 것을 도와다오." 그리고 파블로프는 죽었다. 그가 최후까지 가고자 애썼던 곳은 다름 아닌 실험실이었다.

파블로프의 공헌 중 가장 위대한 것은 조건화에 관한 그의 연구 업적일 것이다. 쏜다이크, 와트슨, 스키너 등의 후속 연구는 파블로프의 발견에 다양한 예를 부여한 것에 지나지 않는다.[1] 극작가 버나드 쇼는 파블로프가 세상에서 가장 큰 바보라고 평했다. 어린아이도 아는 상식을 애써 증명했다는 것이다. 개가 음식을 보면 침을 흘린다. 사람들은 뱀이나 불을 무서워한다. 어린아이도 이쯤은 알고 있다. 그러나 파블로프가 가르쳐주고 있는 것은 이러한 반응이

1) 이런 말이 이미 타계한 이들에게 불명예라고 생각하지 않는다. 왜냐하면 이 말이 사실이라는 것은 누구보다도 본인들이 더 잘 알고 있을 것이므로.

획득된 과정이다. 사람들은 이러한 반응이 어떻게 획득되었는지를 알기는커녕, 그것이 획득된 것이라는 사실조차도 모르고 있었다. 음식을 먹기 전에 그 음식을 본다는 조건화의 과정이 없다면, 개는 결코 음식을 볼 때 침을 흘리지 않는다(Pavlov, 1928). 이것은 그러한 반응이 생득적인 것이 아니라 획득된(조건화를 통하여) 것임을 의미한다. 사람들의 불에 대한 공포심도 조건화에 의한 학습의 결과임이 증명되었다(Watson, 1930).

파블로프가 죽은 것은 지금으로부터 약 70년 전인 1939년의 일이다. 그러나 그가 남긴 메시지는 생생하게 전달되고 있었다. 그것은 인간이 보이는 행동의 습득 과정을 설명할 수 있다는 것과, 그 설명을 토대로 인간의 행동을 변화시킬 수 있다는 것이다. 예컨대 아동의 행동이 어떤 결과를 초래하는가에 따라 그 행동을 강화시킬 수도, 약화시킬 수도 있다는 것이다. 행동주의라 불리는 이론의 기본 전제이다.

근래에 학습에 대한 인지주의적 접근이 나타났다. 학습을 자극-반응의 연합으로서가 아니라 어떤 인지구조의 변화로 보는 것이다. 이것은 행동주의 학습관의 정수리(기본 전제)를 공격하였다. 또 그 이후에 대두된 구성주의 학습관은 객관적 실체로서의 지식의 존재를 부정함으로써 파블로프의 죽음을 확인하였다. 스키너의 표현을 빌면, 이들은 "승리감에 도취한 어조로 행동주의의 죽음을 선언했다. 그것은 동시에 과학적 탐구 방법으로부터의 도피를 의미한다

(Skinner, 1987, p. 160).”

오늘날 교육심리나 교수설계에 관련한 학자나 연구자들의 대다수는 인지주의나 구성주의를 그 이론적 기반으로 하고 있다. 이들의 이론적 전개는 언제나 행동주의적 접근에 대한 반성 내지 비판으로 출발한다. 첫째로, 이 부류의 연구자들은 행동주의적 접근의 주요 실험 대상이 인간 아닌 동물이었다는 점에 대해 비판한다. 둘째로, 행동주의적 접근에 의한 학습방법은 인간을 지나치게 수동적 위치에 놓고 있다는 점을 비판한다. 셋째로, 행동주의의 기계적 인간관을 비판하고, 사고의 주체(information processer)로서의 인간의 역할을 부각함으로써, 관심의 방향을 외부적 관찰로부터 사고 활동의 내부로 돌려놓았다.

인정하고 싶지 않은 사실

파블로프의 행적을 논할 때, 빠뜨릴 수 없는 것은 그가 인간의 존엄성에 대하여 치명적인 모독을 가하였다는 점이다. 그의 세계관에 의하면, 인류의 문명은 인간이 만물의 영장이라는 증거가 아니라, 인간이 가장 조건화되기 쉬운 동물이라는 증거에 지나지 않는다. 행동주의의 세계관에서, 환경은 적자생존의 원칙에 가장 잘 적응할 수 있는 종(種)을 “선택”한다. 인간은 생존에 필요한 모든 요인을 갖고 태어난 것은 아니지만, 후천적인 학습에 의해서 그 능력을 다른 동물보다 빨리 습득한다. 예컨대, 관찰에 의한 학습이라든지, 학습한 내용을 일반화하거나 변별하는 능력에 있어서 인간보다 더 나은 동물은 없다. 이러한 세계관에 의하면, 인간이 표현하는 도덕성이나, 숭고미도 내재적이며 근원적인 신성(神性)이라기보다는 조건화의 결과일 뿐이다. 우리가 주차위반을 하지 않는 것은 우리에게 내재한 도덕성 때문이 아니라, 주차위반의 결과가 가져올 불이익 때문이다. 우리가 그것을 선택하지 않도록 조건화되었기 때문이라는 것이다. 이것은 많은 사람들의 종교 또는 믿음과 - 더 정확하게 표현하자면 믿고 싶어 하는 것과 - 상치하는 것이다. 그래서 파블로프가 미움을 사고 있는 것 같다. 파블로프를 두둔하고자 하는 것은 아니다. 다만, 그것이 사실이냐는 것과 그것을 선호하느냐는 별개의 문제라는 것을 주장하고 싶다. 나쁜 소식을 가져온 사신(使臣)을 죽여 버리는 것은 정치적으로는 의미가 있을지 모르나, 적어도 학문의 세계에서는 미성숙에 지나지 않는다.

동물과는 다른 인간

행동주의 이론에 대한 비판 중 가장 설득력이 큰 것은 이 이론의 출발점이 동물의 실험에 있었다는 것이다. 초기 파블로프의 실험에서는 개가 자주 사용되었고, 그 후에는 비둘기가 다수를 이루었는데, 거기서 찾아진 것이 무엇이든, 그것이 어떻게 인간에게 적용될 수 있겠는가 하는 것이다.

Nevin(1993)은 참 이상하다고 생각했다. 열역학에서 기체의 부피와 압력과 온도의 관계를 연구하는 과학자들이 헬륨을 가지고 실험하든, 산소로 하든, 질소로 하든, 아무 문제가 되지 않는다. 순환계에 대한 연구를 위해 토끼나 비둘기나 닭이나 원숭이의 혈액 순환을 관찰하여도 그것은 아무도 비판하지 않는다. 왜 유독 인간의 행동을 연구하는 데 있어서만 그런 것이 문제가 되는 것일까? 비둘기가 연구에 자주 사용되는 이유는 값이 싸고, 기르기가 용이하고, 비교적 오래 살기 때문이다. 다른 동물과 마찬가지로, 비둘기가 보이는 행동은 인간과 다르지만, 연구의 대상이 되는 것은 강화의 빈도 및 강도와, 다른 종류의 강화의 개입과, 이에 따른 반응 사이의 관계이다. 그 함수관계는 비둘기를 대상으로 한 실험에서나 인간을 대상으로 한 실험에서나 정확히 일치한다.[2)]

행동주의의 연구 결과는 하나의 나쁜 소식과 하나의 좋은 소식을 준다. 나쁜 소식은 우리가 동물과 크게 다를 바 없이, 어떤 기능이나 지식을 갖추고 태어난 것이 아니라는 점이다. 따라서 모든 것들을 하나하나 학습에 의해 획득하지 않으면 안 된다. 좋은 소식은 인간에게 뛰어난 학습 능력이 있다는 점이다. 그렇기 때문에 동물은 배우기 어려운 것을 인간은 쉽게 배울 수 있다. 따라서 우리는 아이들에게 어려운 것을 가르치고자 할 때 모든 기능이나 지식을 기초부터 차근차근 가르쳐야 할 것이다. 또, 그것을 촉진하기 위하여 순차적으로 내용을 조직하고, 학습 활동을 강력

---

2) 이것에 대한 논거로 Nevin(1993)의 글 「Why Pigeons?」를 참고하기 바란다.

한 보상을 가진 것으로 하는 환경적 배려가 뒤따라야 할 것이다.

인간은 동물과 다르기 때문에 교육에 있어서 수월성, 창조성의 배양에 목표를 두어야 한다고 주장하기도 한다. 이런 주장 속에는 흔히 행동주의 교육관이 아이를 개 기르듯 다루는 것이 아니냐는 근거 없는 질책이 함축되어 있다. 그러나 수월성이나 창조성의 배양을 반대하는 행동주의자는 아무도 없다. 단지 이런 말들은 “너무나 궁극적이며, 따라서 교육 실천에 아무 쓸모없는 목표”(Skinner, 1989)라는 입장일 뿐이다. 수월성도 좋고 창조성도 좋지만 더욱 중요한 것은 먼저 배워야 할 것을 먼저 가르쳐야 한다는 점이다.

아라비아 숫자 1자를 쓰는 속도에 있어서 정상인 집단과 정신 장애 집단의 비는 2대 1, 4자를 쓰는 속도에 있어서는 4대 1의 차이를 나타낸다. 그것은 단순하고 쉬운 과제가 완전히 학습되지 않으면, 더 복잡하고 어려운 과제를 학습할 때 장애가 될 수 있음을 나타낸다. 인간이 동물과 다른 점은 학습의 능력에 있지, 하루아침에 도를 깨치는 비약이나, 무에서 유를 창조하는 능력에 있는 것은 아니다.

학습자는 텅 빈 꽃병?

비판자들은 흔히 행동주의 학습관에 의한 교수-학습 활동을 텅 빈 꽃병에 물을 채우는 모습으로 비유한다. 학생들을 사고의 주체가 아닌 지극히 피동적인 위치에 두고,

당근과 채찍으로 이끌어 가는 부도덕성을 비꼰 말이다. 이 비유는 어떤 이유에서 나온 것인지 정확히 지목하기 어렵다. 여기에는 너무나 많은 형태의 편견과, 엄청난 단순화와, 학습에 대한 무지가 뒤엉켜 잠복해 있기 때문이다. 몰리에르의 희곡을 아무런 생각 없이 읽을 수도 있고, 운전면허 시험공부를 상상력을 발휘해 가며 할 수도 있다. 어떤 경우에든, 학습자를 물이 채워지기를 기다리는 텅 빈 꽃병의 모습으로 묘사할 수는 없다. 이러한 비판자들이 내세우는 논리는 다음과 같다.

지식은 객관적으로 존재하는 실체가 아니라, 학습자가 경험을 통해 구성하는 것이다. 일반적으로 적용될 수 있는 지식이 있다 하더라도 실세계에 필요한 지식의 대부분은 영역 특수적 지식 (domain-specific knowledge)이 차지한다. 따라서 지식은 그것이 사용되는 상황 속에서 연마될 때 활발히 습득될 수 있다.

이것이 구성주의 학습관의 핵심이다. 어릴 적 우리 할머니가 이렇게 말씀하셨다. 뭐든지 해봐야 안다고. 구성주의는 할머니가 아시던 것에 어떤 지식을 더 보태었는지? 복잡한 지식은 보다 정교한 반복과 연마를 통하여 습득될 수 있다는 사실을 이제야 알았던 것인지?

교육자들 사이에 이 학습관이 널리 호응을 받고 있다는 것은 사실이다. 학습자가 자기 자신을 가르치고, 교사의 역할은 학생이 탐구하고 발견하는 활동을 안내하는 것으로 제한하는 것이 바람직하다는 생각은 일견하여 인도적인 것으로 보인다. 그러나 학습에 실패한 학습자들을 학습자 자신의 탓으로 돌릴 것인가? 동기의 부족, 선수학습의 결여, 주의집중 결손, 학습 능력 부족 등, 자유롭고 행복할 것으로 기대되었던 학습 방법이 이러한 학생에 대한 부정적 결과를 초래하지 않을지 염려된다.

이러한 일이 나타나지 않도록 하기 위하여, 교사는 마땅히 학생의 반응을 이끌어내어 정확한 피드백을 제공하고, 칭찬, 미소, 격려 등을 해줌으로써 학습 활동이 보상을 가진 것으로 하는 환경을 마련해 주어야 할 것이다. 이것이 학생을 수동적인 위치에 놓고 있다는 이유로 부도덕하다면, 똑같은 논리로 우는 아이에게 젖을 주는 엄마도, 울음을 그침으로써 엄마에게 보상을 주는 아이도 다 같이 부도덕하다고 하여야 할 것이다.

기계적 인간관

행동주의의 기계적 인간관에 대한 비판은 아마도 문제의 핵심이 될 것이다. 인지주의자들은 인간이 자극에 대한 단순 반응을 하는 존재가 아니라, 심층 반응하는 존재이기 때문에 인간의 사고 과정을 설명하는 보다 강력하고 진보적인 이해의 틀이 필요하다고 주장한다.

여기에 관한 Bruner(1978)의 가정은 아마도 가장 빈번히 인용된다는 점에서 인지주의의 입장을 이해하는 실마리가 될 수 있을 것으로 보인다.

어떤 과목도, 어떤 발달 단계에 있는 아동에게나, 어느 정도 지적으로 정직한 형태로 효과적으로 가르칠 수 있다" (p. 33).

브루너는 덧붙이기를, 이 가정에 위배되는 증거는 발견되지 않고 있으며, 이 가정을 지지하는 증거는 상당히 많다고 하였다(p. 33). 벌거숭이 임금님을 벌거숭이라고 이야기한 사람이 없었던 것처럼, 이처럼 나쁜 문장은 드물게 보는 것임에도, 아무도 그런 비판을 하지 않는 것이 이상스럽게 느껴진다. "어느 정도 지적으로 정직한 형태로"란 말은 소위 '인지주의적 언어'인 듯하다. 인지구조라는 것이 어떤 형태로 존재하는지, 어떤 과정을 거쳐 변화하는지 결코 명료한 설명을 제공할 수 없듯이, 이를 담는 언어도 이토록 모호하고 구체적인 준거를 결여하는 듯하다. 또 이 가정을 지지하는 증거가 무엇인지 브루너는 전혀 밝히지 않고 있다. 소위 "지적으로 정직한 형태로" 표현하자면, 이 가정을 지지하는 것은 브루너라는 이름이 갖는 권위 이외에 아무 것도 없다고 하지 않으면 안 될 것이다. 구체성을 결여한 것은 그렇다 치고, 이 가정이 품고 있는 메시지는 인간의 지적 활동이 공통적으로 가지는 어떤 틀이 있다는 것이다. 그렇다면 이를 포착하는 일이 무엇보다도 중요해질 것이다. 그렇게 된다면, 이 틀은 황금의 알을 낳는 거위처럼 필요할 때마다 지식을 생성해낼 수 있을 것으로 "기대된다." 컴퓨터의 정보처리 과정은 인지주의자에게 인간의 사고를 설명하는 틀로써 빈번히 사용되고 있다. 인간의 사고 과정은 컴퓨터의 정보처리 기제와 유사한 것으로 "기대된다." 왜냐하면 그렇게 될 때 인간의 사고에 대한 인지주의적 설명이 가능해지기 때문이다.

어느 무인도에 표류한 사람들이 야자수 열매를 얻었다. 그 속의 과즙을 먹는 것은 생존과 관련된 일이었다. 그런데 칼이 없어서 두꺼운 열매의 껍질을 열고 속의 과즙을 먹을 길이 없었다. 한 사람이 중얼거렸다. "이상한 사람들이군, 왜 칼이 있다고 가정하지 않지? 그러면 과즙은 다 자기네들 것인데."

이 사람은 문제를 "어느 정도 지적으로 정직한 형태"로 해결한 것일까?

개가 종소리를 들었을 때 음식을 얻었다. 그 후 개는 종소리만 들어도 침을 흘렸다. 이 명백한 관찰을 파블로프는 보고하였다. 이 때 개가 종소리를 들으면 음식이 나온다는 것을 "안다"고 주장하는 것이 인지주의이다. 그러나 그것은 연구자의 기대일 뿐, 객관적 근거는 없다. 외부적 관찰을 내부적 과정과 연결시키기 위한 정당한 방법은 인지주의적 접근이 아니라, 신경병리학적 접근이 되어야 할 것이다. 인지주의가 행동주의의 죽음을 선언함과 동시에 과학적 방법으로부터의 도피를 선언했다고 한 스키너의 지적은 합당하다고 할 수 있다.

버나드 쇼가 파블로프를 세상에서 가장 큰 바보라고 평했던 반면, Wells(1956)는 그를 고금에서 가장 뛰어난 천재라고 지목했다. 파블로프는 자신을 머리끝에서 발끝까지 실험자일 뿐이라고 말했다(In Wells, 1956). 앞의 두 명이 모두 정확하지 않은 반면, 파블로프 자신의 말은 한마디도 덧붙이거나 뺄 곳이 없다. 파블로프는 과학을 선택한 사람이었고, 이 선택을 철저히 고수한 사람이었다.

교육 현상을 이해하기 위해 권위에 의존하는 사람들을 우리는 봤다. 믿음 또는 종교에 의존하는 사람, 교육실천이라는 경험에 의존하는 사람도 봤다. 그들에게는 그들 나름의 갈 길이 있을 것이다. 과학을 선택한 이들은 또 다른 길을 부지런히 걸어야 할 것이다.

교육적 지식을 얻는 일

이 장에서 논의하고자 하는 것은 지식이나 원리에 관한 문제가 아니라 교육 연구 방법을 보는 태도에 관한 문제이다. 결국 과학적 방법을 택해야 한다는 주장을 긴 설명과 함께 실었다. 그러나 이러한 주장은 교육학계의 일각을 차지하고 있을 뿐, 전체적으로 지지를 받고 있는 것은 아님을 밝힌다.

교육 연구의 방법에는 수량적 접근과 비수량적 접근, 즉 양적 접근과 질적 접근이 있을 수 있다. 양적 접근 방법을 특히 비판하는 입장을 보이는 이들도 있는데, 이들은 흔히 통계학을 포함한 양적 접근 방법이 숫자 놀음일 뿐이며, 교육 현실을 이해하고 개선하는 데 아무런 도움이 되지 않는 허상에 불과하다고 주장한다. 이런 생각은 부분적으로 옳을 수도 있겠다. 그러나 교육 연구 전반에 걸쳐서 일반적으로 옳은 것은 분명 아니다. 이 생각이 어떻게 형성될 수 있었으며, 반대로, 수량적 접근이 유용할 수 있는 이유는 무엇인지 살펴보겠다. 그 이전에 한 가지 전제할 것은 교육 연구에는 완전한 양적 접근도, 완전한 질적 접근도 있을 수 없다는 점이다. 사례 연구에서도 수량에 의존한 전개가 없을 수 없으며, 통계 처리가 주요 방법인 연구조차도 연구 문제의 설정 과정까지 순수하게 수에만 의존할 수는 없기 때문이다.

교육 연구는 교육적 지식을 생성해 내는 작업이다. 앞서 강조한 바와 같이, 그 지식이란 체계적인 지식, 다시 말해서 이론 형성에 관련된 지식임은 물론이다. 그런 지식 말고도 단편적인 교육적 지식도 있을 것이다. 그러한 교육적 지식은 어디서 얻는가? 우리가 지식을 얻는 방법은 크게 세 가지로 구분될 수 있다. 그것은 신념, 권위, 과학적 방법이다. 교육을 떠나서도, 이 구분은 어느 정도 일반화될 수 있을 것으로 보인다. 먼저 신념에 대해 살펴보자. 대부분의 교육자들은 교육적 지식을 자신의 신념으로부터 구하고 있다. 예컨대, 교사는 학생을 사랑하여야 한다는 것은 많은 교사들이 가지고 있는 생각인데, 그 생각은 경험의 누적으로 형성된 신념에서 온 것이다.

그러나 경험이란 그것이 객관적이고 체계적으로 누적되지 않는 한, 편견으로 전락하기 쉽다. 주관적 경험이란 것은 정보를 처리하는 데 있어서 인간적인 습성이 개입되기 마련이기 때문이다. 그 인간적인 습성은 우리가 의식하지 못하는 여러 형태로 다가와 우리에게 잘못된 신념을 형성케 하기 쉽다. 한 예로 코넬대학의 Gilovich 교수(1993)가 소개한 일화를 들기로 하겠다.

농구 경기를 좋아하는 사람과 농구 코치와 농구 선수는 모두, 경험이 많으면 많을수록, 선수에게는 "잘 들어가는 날"이 있다고 믿는다. 한 두 개의 슈팅이 성공한 선수는 다음 슈팅에서도 성공할 가능성이 높은 것으로 예상한다. 반면에 몇 개의 슈팅이 불발이었던 선수에 대해 사람들은 그가 극도로 굳어 있다고 생각하고 다음 슈팅도 실패로 돌아갈 것이라고 생각한다.

Gilovich 교수와 그 동료들은 이 '잘 들어가는 날'이 있다는 믿음을 검증해 보고자 했다. 그들은 필라델피아 76ers 라는 프로 농구팀의 1980~1981년의 경기 기록을 입수했다. 76ers는 선수 개개인의 슛의 성공과 실패를 순서대로 기록한 유일한 팀이었다.

"잘 되는 날"의 가설과는 달리, 선수들은 앞서의 슛이 실패하였을 때 그 다음 슛을 더 잘 넣는 것으로 나타났다. 성공한 다음 슈팅에서의 성공률은 51%이었으나, 실패한 다음 슈팅에서는 54%의 성공률을 보였다. 이러한 사실로 미루어 농구 선수의 골이 잘 들어갈 때는 연속적으로 들어가고 안 들어갈 때에는 연속적으로 안 들어간다는 통념은 근거가 없다는 것을 알 수 있다. 그럼에도 불구하고 사람들은 여전히 '잘 되는 날'이라는 것이 있다고 고집스럽게 믿고 있다.

농구 선수와 팬들이 잘못 생각하는 것은 경험을 해석하

는 방법상의 착오 때문이다. 연속적인 성공과 실패는 의식 속에서 부각되고 기억된다. 성공과 실패가 자주 엇갈리게 되면 그것은 주목받지 못하기 때문에 잘 기억하지 못한다. 골이 거의 링에 들어갔다가 튀어나왔을 때, 만일 그 선수가 앞서의 몇몇 슈팅을 성공시켰다고 하면, 그 일은 약간의 미스였던 것으로 해석될 것이다. 그러나 만일 그 선수의 앞선 슈팅 몇 개가 모두 불발이었다고 한다면, 이는 그가 극도로 굳어 있다는 증거로 해석될 것이다.

사람들은 어떤 관계를 확인시켜 주는 증거로 보이는 것에 대하여 다분히 강한 인상을 받는 것 같다. 그럼으로써 그들은 자신의 상상에 부합되는 몇 개의 사건을 바탕으로, 예언에 대한 확신을 키워 나간다. 그들은 그러한 예언에 들어맞지 않는 더 많은 사건에 대해서는 이를 무시하거나, 단순히 주의를 기울이지 못한 채 지나쳐 버린다. 또 하나의 예를 들어보자.

"꼭 내가 샤워중일 때 전화가 온단 말이야."

샤워중일 때 전화벨이 울리면 그 일은 두드러지게 기억된다. 그러나 만일 샤워중일 때 전화가 오지 않으면, 즉 아무 일도 없이 지나가 버린 것에 대하여 우리는 의식조차 하지 못한다.

사람들은 이 세상에서 연속적으로 발생하는 사건에 대하여 어떤 질서, 패턴, 또는 의미를 찾고자 한다. 통계적인 보편성이 존재하는 곳에서조차 사람들은 더욱 많은 것을 읽으려고 한다. Gilovich의 메시지 중 중요한 점은 우리의 인상에 의해서 비뚤어진 경험이 누적되면 될수록 왜곡된 신념이 형성되고, 굳어진다는 것이다. 이러한 신념은 쉽게 고쳐지지 않으며 계속해서 그릇된 지식을 생성하게 된다. 지식을 구함에 있어서 주관의 개입을 경계해야 하는 이유가 여기에 있다.

지식을 얻는 두 번째 방법은 권위에 의존하는 방법이다. 권위에는 여러 가지가 있으나, 교육자들이 가장 흔히 지식을 도출하는 권위는 유명한 학자의 말, 다수의 우월성을 추종하는 전통적 사고방식이라고 생각된다. 이 방법 또한 지식을 구하는 데 비교적 편리하고, 논쟁의 여지가 적을 수 있다는 장점은 있으나, 지식 자체의 진위라는 관점에서 본다면, 그 타당성은 매우 빈약한 것이라 하지 않을 수 없다. 그 이유는 간단하다. 권위는 때때로 부정확한 것이기 때문이다. 또한, 권위 있는 사람들의 견해가 때때로 서로 불일치하기 때문이다. 그것은 그 견해가 개인적 소견이거나 전문가의 추측(educated guessing)에 불과하다는 것을 나타낸다.

학자가 권위를 가지게 되는 것은 대체로 그의 학문적 업적 때문일 것이다. 그렇다면, 그의 말이나 글에서 지식을 얻는 일은 사실은 직접적이 아니라 간접적인 자원에 의존하는 것이다. 이렇게 얻어진 지식이 옳은 것이 되기 위해서는, 또는 적어도 옳을 가능성이 높기 위해서는 두 가지의 현실적으로 긍정되기 어려운 전제가 필요하다. 첫째, 그 학자에게 권위를 부여한 그의 학문적 업적이 정당하게 평가되었다는 전제이다. 둘째, 그 학자가 어떤 특정한 경우에도 과거의 업적에서 보여 주었던 것과 같은 학문적 능력을 구사하였다는 전제이다. 이 전제는 양자가 모두 독립적으로 충족되어야 하는 조건이므로 서로에 대해 제한적이다. 다시 말해서, 첫째 전제가 충족될 확률이 1/2이고 둘째 전제가 충족될 확률이 1/2이라면, 그 전제가 충족될 수 있는 확률은 양자의 평균인 1/2이 아니라, 양자의 곱인 1/4이 되는 것이다. 지식을 생성하는 장치로서는 받아들이기 어려운, 부실한 장치라 할 수밖에 없다.

다수의 견해나 주장에 따르는 것은 또 어떤가? 그 방법이 민주적이라는 관점에서는 권장할 만할지 모르지만, 적어도 올바른 지식을 구하기 위해서는 그다지 좋은 방법이 아니다. 왜냐하면 지식의 생명은 정확성이지 사람들의 선호도가 아니며, 더 많은 사람이 그렇게 생각한다고 해서 그것이 옳다고 판단할 근거도 없기 때문이다. 한 예로 마술사의 행동을 본 만 명의 관객의 설명이, 무대 뒤에서 본 한 명의 인부의 설명보다 더 정확할 것이라고 생각할 수는 없다.

다수결의 원리를 비교적 체계적으로 적용한 통계 방법 중에 메타 분석(meta-analysis)이라는 것이 있다. 이것은 어떤 주제에 대하여, 지상에 발표된 여러 연구 결과를 종합하여 그것으로써 그 주제에 대한 지식을 구하고, 그 지식이 옳을 확률을 추정하는 방법이다. 그러나 이 방법에는 적어도 두 가지의 중대한 오류가 내포되어 있다. 하나는 이 방법이 그릇된 가정으로부터 출발하고 있다는 점이다. 그 가정이란 미지의 영역에 대한 확률을 미리 잠정적으로 책정하는 데에서 온다. 예를 들면, 내일 비가 올지 안 올지 전혀 지식을 가지고 있지 않기 때문에, 내일 비가 올 확률을 50%로 책정하는 것과 같은 비논리적 전제를 가지고 있다. 메타 분석의 또 하나의 오류는 데이터의 체계적 탈락에서 올 수 있다. 어떤 주제에 관한 연구 결과가 통계적으로 의미 있는 결과를 나타내지 않았을 때, 그 논문은 현실적으로 학술지에 잘 게재되지 않는 경향이 있다. 그렇다면, 특정 연구 결과가 편파적으로 탈락한 상태에서의 종합은 현실을 공정하게 반영한 것이라 할 수 없다.

지식을 도출하는 또 한 가지 형태의 권위는 권력 및 종교이다. 이것은 아마도 일반 생활 속에서 가장 빈번히 나타나는 일이 아닌가 싶다. 그러나 이런 형태의 권위는 신념이나 가치 위에 군림하는 것이지, 사실로 구성된 지식의 진위와는 무관한 것이기 때문에 더 자세하게 다루지는 않겠다.

엄정하게 사실로부터 지식을 구성해 가는 가장 전형적인 길은 과학적 방법이다. 과학적 방법은 앞에 든 경험, 권위,

다수 등에 의존하는 방법이 가지고 있는 오류 가능성을 배제하는 것으로부터 출발한다. 따라서 과학적 방법은 관찰된 사실을 토대로 객관적인 추론에 의거하여 지식을 구하는 길이다. 사실을 토대로 한다는 것은 가치의 개입을 배제한다는 것을 뜻한다. 또 객관적인 추론에 의거한다는 것은 논리적 진전에 있어서 일체의 주관이나 가치를 개입시키지 않는다는 것을 의미한다. 예를 들어, "프로그램 A는 프로그램 B보다 학습자들의 학업성취도를 높일 수 있는가" 하는 것은 연구의 대상이 될 수 있으나, "프로그램 A는 학교에서 사용하기 좋은가" 하는 문제는 과학적 연구의 대상이 될 수 없다. 왜냐하면, 과학적 방법으로는 그러한 가치의 판정을 내리기가 불가능하기 때문이다. 같은 맥락에서, "본 연구자는 A는 B라고 판단했다"라는 종류의 표현은 과학적 연구에서 금기시된다. 과학적 연구에서는 연구자의 주관이나 권위를 일체 인정하지 않기 때문에, 그가 A는 B라고 판단했다는 말은 A가 B인지 아닌지를 고려하는 데 있어서 아무 정보도 주지 못한다. 논문에서 "나"라는 표현을 꺼리는 것도 같은 이유에서이다.

전형적인 과학적 연구 방법은 문제의 파악, 가설의 형성, 데이터의 수집, 가설 검증, 문제 해결의 단계를 거친다. 가치가 아닌 사실을, 주관이 아닌 객관을 강조하는 과학적 방법의 특성상, 사변이 배제된, 수, 서열, 유목(category) 등의 형태의 데이터를 수집하게 된다. 그리고 이러한 형태의 데이터를 처리하는 방법이 바로 통계학의 영역이다.

지금까지의 논의를 정리해 보기로 하겠다. 지식을 구하는 원천으로서 경험의 누적의 결과인 신념이나 권위에 의존하는 방법이 있는데, 그것은 주관에 의해서, 그리고 가치개입에 의해서 그릇된 지식을 형성하기 쉽다. 그 대안으로서 지식을 구하는 과학적 방법이 제기되었다. 거기에서는 객관성과 사실이 강조된다. 가치가 아닌 사실을 나타낸 데이터를, 주관 아닌 객관으로 처리하기 위하여 우리는 통계라는 방법에 의존하게 된다는 것이 지금까지의 논의의 흐름이다.

그런데, 과연 과학적 방법이 지식을 얻는 데 있어서 최선의 방법인가? 이러한 물음에 대한 지식을 얻기 위하여, 우리는 과학적 방법에 의존할 수는 없다. 이 물음은 본질적으로 가치를 다루고 있기 때문이다. 많은 사람들은 과학적 방법에 기초한 교육적 지식을 얻기를 고집한다. 그러나 그것은 신념 또는 과학이라는 권위에 의존한 결정이다. 과학적 방법으로는 과학적 방법 자체의 정당성에 관한 지식을 얻을 수는 없다.

이제 첫머리에 소개한 교육 연구에 있어서의 통계적 방법에 대한 비판에 대해 언급하겠다. 앞에서 통계가 숫자놀음에 불과하다는 비판이 부분적으로는 옳다고 한 것은 그 표현이 현실을 상당한 정도 반영한다는 의미이다. 통계는 신념이나 권위가 그러한 것과 마찬가지로, 사실을 왜곡하는 경우가 많다. 몇 가지 예를 들어 보기로 하겠다. 어느 대학 교육학과의 여학생 중 33%가 그 대학 교수와 결혼하였다는 발표가 있었다. 이것은 매우 충격적인 뉴스로 받아들여질 수 있다. 그러나 사실은 그 대학의 교육학과에는 여학생이 3명밖에 없었고, 그 중 한 명이 교수와 결혼하였다면, 그것은 큰 화제 거리일 수 없다. 십여 년 전 신문에 이런 기사가 실렸다. 한 달 동안 국내에서 교통사고를 일으킨 사람들의 혈액형을 조사해 보았더니, A형이 가장 높은 비율을 차지했다는 것이다. 이어서 그 기사는 A형 혈액형을 가진 사람은 다른 사람보다 교통사고를 유발하기 쉽다고 결론지었다. 그러나 사실 우리나라에는 A형 혈액형을 가진 인구가 가장 높은 비율을 차지하고 있다. 또 어떤 도시의 맥주 소비량이 2배로 증가하고 동시에 위암 발병률도 2배로 증가하였다는 기사와 함께 맥주를 마시는 것과 위암에 걸리는 확률을 관련지은 경우도 있었다. 이 경우에는 단순히 그 도시의 인구가 2배로 증가된 것에 불과했다. 한때 미국에서는 대학 진학을 위한 학력고사인 SAT (Scholastic Aptitude Test)의 전체 평균이 25년 전에 비하여 상당히 떨어진 사실에 대하여 우려의 소리가 높았다. 이것은 학교 교육의 실패를 의미한다는 것이었다. 그러나 사실은 이것이 우려할 일이 아니라 축하할 일이었다. 이건 고등학교 교육의 하위 60%에 속했던 학생들 중 많은 사람들이 과거와는 달리 활발히 대학 진학에 참여하기 때문에 생긴 일이었다.

위에 든 예처럼 왜곡된 지식을 형성하는 데 통계가 연루되었다는 사실 때문에, 통계학에는 숫자놀음이라는 명예롭지 못한 딱지가 붙여진 것 같다. 그러나 잘 생각해 보면, 이러한 오해를 불러일으킨 것은 통계적 지식이 아니라, 바로 통계에 대한 무지였다. 평균의 의미와 그 수치를 특정 맥락에서 분리하여 해석한 것이 그릇된 지식을 형성하게 한 주범이다. 이러한 오류를 범하지 않기 위하여 교육 연구에 있어서 통계적 방법을 버려야 할 것인가, 아니면 더욱 체계적인 통계적 지식을 쌓아 올려야 할 것인가? 해답은 자명하다.

통계는 두 가지 기능을 가지고 있다. 그것은 현상을 설명하는 기능과 어떤 잠재적 판단을 확인시켜 주는 기능이다. 예를 들어, 교사가 고사 성적을 가지고 어떤 두 학급의 학업성취도를 설명하고자 할 때, 평균은 두 학급의 학업성취도의 많은 것을 설명할 수 있다. 또 두 학급의 능력의 차이가 있다거나 또는 없다는 잠정적 판단을 통계적 검증을 통하여 확인할 수도 있다. 이러한, 현상을 설명하는 기능과 잠정적 판단의 진위를 확인하는 기능은 바로 과학적 연구의 핵심 부분이다. 그러한 일을 하는 데 있어서 우리는 주관적 신념이나 권위의 개입을 경계하지 않으면 안 된다. 왜냐하면 그런 것들은 흔히 지식을 구하는 데 있어서 오류의 덫을 가지고 있기 때문이다.

어떤 측면에서 본다면, 과학적 연구 방법은 배타적이고,

고지식하고, 보수적인 성격을 띤다. 그러나 중요한 것은 이러한 부정적 태도가 올바른 지식 형성에 대하여 취해지는 것이 아니라, 그 지식 형성에 개입할지도 모르는 오류 가능성에 대해 취해진다는 점이다.

그 동안 교육적 지식을 구하는 데 바쳐졌던 노력은 너무나 자주 신념과 권위에 의존하여 왔다. 그것은 방대한 신화와 사변의 성곽을 구축하고 끊임없이 우리의 귀에 잘못된 지식을 속삭인다. 이제는 사실과 객관을 바탕으로 한 과학적 방법을 중시할 때라고 생각된다.

이 글을 통하여 통계학의 중요성을 강조하거나 통계학을 열심히 배워야 한다는 주장을 펴고 있다고 생각한 독자가 혹시 있을지 몰라서 덧붙인다. 교육 연구에 있어서 주관이 완전히 배제된 방법이란 어차피 존재할 수 없다. 그러나 거기서 생길 수 있는 오류를 최소화하기 위해서 통계학이 가지고 있는 취지나 원칙을 이해하자는 말을 하고 싶었다. 그렇게 된다면, 객관적인 사실에 근거하여 사물을 보고, 교육 현상의 구석구석에 보다 따스하고 밝은 눈길을 보낼 수 있다.

▪ ▪ ▪ 쉬어가기

우리 집 보리차

우리 집 보리차는 아내의 손을 빌리지 않고 내가 끓이는 편이다. 내 방법의 특징은 보리차를 우려내는 시간을 정확히 지키는 것이다. 이 일은 너무나 단순하여 오히려 잘 지켜지지 않는다. 아내는 그 시간이 일정치 않으므로, 때론 구수한 맛이 덜하고, 때론 텁텁하여 경쾌한 맛이 모자라곤 한다. 물론 이것은 주관적인 생각일 뿐이다. 요즘 애들에게 보리차는 좀 뜻밖인 듯하다. 그리 생소하지는 않다 하더라도 생수나 주스 같은 것에 더 익숙한 모양이다. 그래도 이들에게 가급적 보리차를 마시라고 권한다. 별로 과학적 근거를 가진 것은 아니지만, 나는 보리차의 가치를 굳게 믿고 있는 사람이다.

어린 시절 내게 중요한 사건이 하나 있었다. 우리 집에 중고 냉장고가 들어와 여름철에 차가운 보리차를 먹을 수 있게 된 일이 그것이다. 그 시절에 얼음처럼 차가운 보리차라면 당연히 그 격에 맞는 용기에 보관되어야 하므로, 어머니는 두 개의 죠니 워카 병을 내었다. 지금 생각해 보면 집이라는 것과 관련하여 가장 좋은 기억 중의 하나가 학교 갔다 와서 죠니 워카 병에 든 차가운 보리차를 마시던 일이다. 그 잔잔하고 결코 진하지 않은 향기는 무슨 돈벼락을 맞았을 때나, 월드컵 축구팀이 이탈리아에 역전승할 때 생기는 것과는 사뭇 다른 종류의 기쁨이다. 딱 짚어 설명할 수는 없지만, 그 느낌은 평안, 그리움, 아늑함 등이 연상되는 그 무엇이다.

이런 일도 있었다. 십여 년 전 미국 유학 시절, 우연히 고등학교 은사님을 만났다. 당시 연세대학 교수로 안식년을 보내러 오신 거였다. 내외분을 우리 집에 모셨다. 아내는 정성스럽게 된장찌개를 끓여 내었다. 그런데 이 어른께서 그걸 못 잡숫고 퍽 미안해 하셨다. 사연인즉 이렇다. 어린 시절에 무척 배가 고플 때 밥과 된장찌개를 먹게 되셨다고 한다. 된장찌개에서 고기 덩어리를 발견하여 한입에 넣었는데 그게 고기가 아니라 된장이 풀리지 않아 덩어리째 있는 거였다. 선생님은 그 후 평생 된장찌개를 못 잡수신다고 한다. 그 찌개를 조리한 분은 자신이 한 인생에 어떤 영향을 주었는지 아마 꿈에도 생각하지 못할 것이다. 최근 아내에게 배워서 된장찌개를 만들곤 하는데 그때마다 이 생각이 난다. 그래서 나는 무엇보다도 된장이 물에 완전히 풀어졌는지 확인하고 또 확인한다.

우리 집 애들이 내가 만든 보리차를 좋아하는지 나는 모른다. 그들이 내 보리차에서 아내가 만든 것과 맛의 차이를 느낄지는 더욱 의문이다. 아마도 아닐 것이다. 그래도 난 내 방식을 고수하며 보리차만큼은 정성을 다해 만든다. 그건 내 어린 시절의 좋은 기억에 대한 대접일 수도 있다. 또, 혹시 알겠는가? 훗날 내 보리차가 어느 한 아이에게 집의 정다움과 안온함을 느끼게 해 줄지.

실험 설계의 원리 1

앞의 "교육적 지식을 얻는 일"에서 엄밀히 주관을 배제하고, 객관적인 정보를 과학적으로 처리하는 것의 필요성을 설명했다. 지식을 얻는 단계에서 개입할지도 모르는 오류 가능성을 철저하게 배제하기 위해서이다.

▌인과관계

교육에 있어서 연구의 대상이 될 만한 지식이란 자세히 보면 대부분 인과관계의 형태로 구성되어 있다. 물론 어떤 사실을 단순히 파악하거나, 현상에 대한 묘사가 연구의 대상이 될 수 없다는 것은 아니다. 그러나 많은 경우 단순한 사실적 파악이나 실태에 대한 묘사는 연구자의 손에까지 가기 전에 이미 확보되어 있는 경우가 많으며, 그 개별적 지식이 보다 유용할 수 있도록 가공되었을 때, 즉 인과관계로서 파악되었을 때, 이론 형성에 대한 기여도가 커질 것이다.

인과관계란 사건과 사건을 원인과 결과의 위치로 설명할 수 있는 경우에 성립하는 것이다. 그런데 교육 연구에서 주로 다루는 사건은 단순한 사건이 아니라 일반적인 사건을 말한다. 예컨대, 학습 동기가 높은 집단이 낮은 집단보다 학업성취도가 높다는 일반적인 결론에 도달하였다면, 이것은 학습 동기라는 요인과 학업성취라는 요인 사이에 인과관계가 입증되었다는 것을 의미한다. 이와 같이 이론 형성에 기여하는 대부분의 지식은 일반적 사건 사이의 인과관계를 토대로 만들어지는 것이다.

이런 일반적 사건을 인과관계의 전제하에서 다룰 때, 변인(variable)이라는 말을 쓴다는 것은 앞에서 소개한 바 있다. 변인은 개별적으로 다를 수 있는 요인을 말한다. 예를 들어 성이란 남자와 여자로 개인마다 다를 수 있기 때문에 하나의 변인이며, 학업성취도 역시 개인마다 다른 수치로 주어지는 변인이다. 만일 학업성취에 있어서 남녀 차이가 나타나는지가 궁금하다면 성과 학업성취도 사이에 인과관계가 성립하는지를 조사해 보아야 할 것이다. 이와 같이 대부분의 연구는 변인과 변인 사이의 인과관계를 검토하는 일이다.

인과관계가 성립하기 위해서는 다음의 세 가지 조건이 충족되어야 한다.

1) 사건 발생의 선후 관계가 입증되어야 한다.

2) 두 변인 사이에 강력한 연관성이 관찰되어야 한다.

3) 다른 설명의 가능성이 배제되어야 한다.

위에서 든 성과 학업성취도의 예를 이 세 조건에 적용해 보자. 첫째, 남성이든 여성이든 성별이 결정된 이후에 학습 결과도 있는 것이므로 상식적으로 선후 관계는 쉽게 성립한다. 둘째, 남녀의 차이라는 사실과 학업성취도의 차이라는 사실 사이에 강력한 상호관계가 관찰되어야 한다. 즉, 학생의 남녀 차이에 따른 학업성취도의 차이가 분명하고도 반복적으로 관찰되어야 한다. 셋째, 이러한 관찰이 있다 하더라도, 그 차이가 남녀 차이가 아닌 다른 것에 의해 비롯된 것으로 해석할 수 있는 여지가 있다면, 예컨대 그러한 차이가 나게 된 것은 남녀의 선천적 차이가 아니라 후천적으로 형성된 사회적 역할의 차이 때문인 것으로 설명하는 것이 타당성이 있다면, 성과 학업성취도 사이의 인과관계는 입증될 수 없는 것이다.

첫 번째 조건은 개념화 또는 논리적 추리에 의해 검토되는 성질의 것이라 하겠다. 예를 들어, 부모의 육아 방식이 아동의 성격 특성에 미치는 영향에 관한 연구를 종종 보게 되는데, 어떤 연구자들은 한 점의 의심도 없이, 육아 방식을 원인으로, 성격 특성을 결과의 위치에 놓고 이 현상을 설명한다. 그러나 인과의 방향을 그 반대로 생각할 수는 없을까? 순하고 말 잘 듣는 아이의 부모는 그 아이의 영향으로 친절하고 애정 어린 태도를 나타낼 가능성이 높고, 성격이 까다로운 아이에게는 짜증을 보일 가능성이 높다. 그렇다면 아동의 성격 특성이 원인이고 육아 방법이 결과가 되는 측면도 있어 인과관계의 입증이 어려워지는 것이다. 연구자들이 이 인과의 방향을 속단한 것은 이 연구를 위해 수집한 자료 중에 육아 방식이 선행한 것이었고, 성격 특성은 그 후에 관찰된 것이었기 때문으로 짐작된다. 그러나 사건 발생의 선후 관계는 관찰의 선후 관계와 다를 수도 있다.

첫 번째 조건의 충족 여부에 대한 판단은 관련 연구 분야의 전문적 지식에 의존하는 경우가 많다. 그러나 둘째와 셋째 조건의 충족을 입증하기 위해서는 특정한 사전 지식에 근거한 주도면밀한 계획이 필요하다. 이것이 바로 실험설계의 영역이다. 다시 강조하거니와, 실험 설계를 하는 이유는 인과관계를 입증하는 데 개입할 수 있는 오류의 가능성을 막기 위함이다.

▌인과적 해석의 전형적 오류

학위 논문을 포함하여 교육 연구물들을 자세히 검토하여

보면, 애써 데이터를 수집하고 분석하여 내린 결론이 다른 설명의 가능성을 배제하지 못하여 그 타당성을 의심받는 경우가 매우 흔하다. 이것은 연구 설계에 오류가 있었기 때문이다. 연구에 타고난 재능을 갖지 않는 한, 실험 설계에 관한 체계적인 훈련 없이 이러한 오류에 빠지지 않는 것은 거의 불가능하다. 먼저, 두 가지 사건 사이의 관계를 인과적으로 해석할 때 범할 수 있는 전형적인 오류의 형태들을 살펴보기로 하겠다.

외부적 사건의 개입

외부적 사건의 개입이란 원인으로 간주되는 행위가 있은 후, 또는 진행되는 동안, 실험의 장 밖에서 발생한 어떤 사건이 그 결과에 영향을 미쳤을 가능성을 있는 경우를 말한다. 예를 들어 보자. 새로 개발한 컴퓨터 분수 학습 프로그램의 효과를 입증하기 위하여, 어린이들을 표집하여 그 프로그램으로 일정 기간 학습하게 한 후 검사를 실시하여 높은 성적을 거두었다고 할 때, 이 결과의 원인을 처치효과, 즉 컴퓨터 분수 학습 프로그램의 효과라고 주장할 수 있어야 할 것이다. 그런데, 만일 이 프로그램에 의한 훈련이 진행되는 동안 TV 어린이 프로그램에서 똑같은 주제의 학습 내용을 유능한 교사의 강의 방식으로 방영한 사실이 있다면, 학습 효과의 원인이 컴퓨터 프로그램에 있는지, TV 프로그램에 있는지 모호해질 것이다. 이런 것이 외부적 사건 개입의 예이다.

이러한 예의 경우 뜻밖의 사건으로 인해 연구의 타당성이 손상을 당하게 되었으니 연구자는 운이 나빴다고 해야 할까? 그렇지 않다. 교육 연구의 경우 대상 하나 하나는 모두 이러한 외부적 사건에 노출되어 있다. 오히려 이러한 종류의 돌발 사태의 개입을 기대하지 않는 것이 어리석다고 해야 할 것이다. 어떤 학생은 시험을 보는 날 독감에 걸려서 자기 실력을 충분히 발휘하지 못할 가능성도 있고, 또 어떤 학생은 개인 지도를 받은 덕분에 순수한 처치효과 이상의 결과를 나타낼 수도 있다. 물리나 화학 실험에서처럼 모든 외부적 영향을 완전 차단하는 것은 교육 연구에서는 불가능하다. 그렇다고 하여 이 모든 사실을 무시하고 처치와 결과 사이에 인과관계가 있는 것으로 결론짓는다면, 그 연구는 오류의 가능성을 내포한 만큼 타당성이 떨어지게 되는 것이다.

이러한, 외부적 사건의 개입이 연구 결과의 해석을 어렵게 만드는 것을 방지하기 위한 연구 설계의 일반적인 방법은 오류 유형의 설명이 끝난 직후에 소개될 것이다. 중요한 것은 그 방법이 모든 경우에 대한 대비책이 아니라는 점이다. 모든 연구의 개별적인 경우에 대하여 연구자는 민감한 안목으로 이러한 외부적 사건의 개입 가능성을 검토하여야 한다. 특히 실험적 처치와 결과 수집 사이에 방학 기간이 있을 경우에는 정규 학습의 중단, 여행, 놀이 등의 외부적 사건이 개입될 여지가 많은데, 이러한 일들이 특정 연구 주제에 대해 어떤 영향을 미칠 가능성은 없는지 주의깊게 고려하여야 한다. 또한 달 착륙, 거액 비리 사건, 스포츠나 예능 분야의 세계적 스타 탄생 등 역사적 사건은 과학에 대한 태도, 사회를 보는 시각, 가치관 등 특정 정의적(情誼的) 영역에 일시적으로 중대한 영향을 미칠 수 있음을 염두에 두어야 한다.

피험자의 자연적 변화

피험자의 자연적 변화는 처치효과가 어떤 결과의 순전한 원인이 아니라, 피험자들 내부의 자연적인 변화가 영향을 미치게 된 경우를 말한다. 이러한 변화는 주로 대상 아동의 성장에 의한 경우가 많다. 실험 연구의 경우 보통 상당한 기간의 실험적 처치를 거치게 되는데 이 기간 동안 피험자들의 신체적 능력, 수, 언어 능력 등이 모두 발달할 가능성이 있다. 성장의 속도가 비교적 빠른 어린 연령층을 대상으로 할 경우 문제는 더욱 심각해진다. 그렇다면 그러한 발달이 인과적 해석에 어떻게 반영될 것인지를 검토하여야만 할 것이다.

성장에 의한 영향을 최소화하기 위하여 실험적 처치 기간을 최소화하는 것도 그리 좋은 방법은 아니다. 하루에 한 시간씩 할 것을 다섯 시간으로 강행군하여 기간을 5분의 1로 줄이려 한다면, 이번에는 피험자들이 느끼는 피로감이 학습 효과에 영향을 미칠 것이다. 이 경우 처치효과는 과소평가될 것이 분명하다. 또 결과를 측정하는 문항수가 지나치게 많을 경우에도 마찬가지로 피험자들이 정당한 자기 실력을 발휘하지 못하게 할 수 있다. 이런 것들은 성장과는 조금 성격이 다르면서 피험자의 내부적 변화가 결과에 영향을 미치는 예이다.

측정 도구의 결함

사전 검사를 실시하고 실험적 처치를 한 다음 사후 검사를 한 결과 점수가 향상되었다고 하여 이를 처치의 효과 때문인 것으로 결론짓기 위해서는 사전 검사가 사후 검사보다 쉬운 문항으로 구성되지 않았나 하는 의혹을 지울 수 있어야 한다. 측정 도구에 결함이 있을 경우, 다시 말해서 어떤 실험적 처치의 결과를 수집하기 위해 사용된 측정 도구가 믿을만하지 않다면, 그 결과에 대한 해석은 당연히 불가능해질 것이다. 따라서 정확한 측정 도구를 사용해야 한다는 것이 여기에서 얻을 수 있는 메시지인 것처럼 느껴지겠지만, 보다 중요한 것은 실험 설계에서 측정 도구의 결함이 결과 해석에 치명적인 영향을 미치는 경우와 그렇지 않는 경우를 식별하는 능력에 있다.

키를 재는 자, 체중을 재는 저울은 대부분 거의 정확한 수치를 내는 측정 도구라 할 수 있다. 물론 오차가 없을 수는 없지만 그것이 문제가 되는 경우는 극히 드물다. 그러나 교육 연구에서 측정의 대상은 대부분 인간의 심리적 특성이다. 성적, 태도, 적성 등의 특성을 수치로 표현하는 일은 매우 어렵고, 상당한 오차를 포함하지 않을 수 없다. 물론 측정 도구 개발의 합당한 절차를 밟아 측정의 오차를 줄이는 노력을 하는 것은 필수이겠으나, 그렇게 하더라도 심리적 특성에 대한 측정 도구는 거의 모두가 어느 정도의 결함을 가지고 있는 것으로 간주하여야 한다. 물론 측정 도구가 치명적인 결함을 가지고 있다면, 그 도구로 잰 검사 결과는 아무 의미가 없을 것이다. 그러나 그 결함이 허용될 수 있는 정도라면, 이러한 측정 도구에 대한 보다 현실적인 논의는 뒤에 신뢰도와 타당도라는 주제로 나올 것이다. 이렇게, 결함을 가질 수밖에 없는 도구로 측정한 결과가 타당성 있는 인과적 해석으로 이어지기 위해서는 역시 그것을 뒷받침할 수 있는 실험 설계가 필요하다.

선발의 불균형

선발의 불균형 문제는 실험을 위해 관찰의 대상이 어떤 집단이었는가 하는 물음과 관련이 있다. 만일 전통적인 방법에 의해서 학습한 집단과 새로운 방법으로 학습한 집단의 학업성취도를 비교한 실험에서 새로운 방법으로 학습한 집단의 성취도가 높게 나타났다면, 그 원인이 새로운 학습방법에 있는 것으로 간주하는 것이 자연스럽다. 그러나 만일 새로운 방법으로 학습한 집단이 애초부터 공부를 잘하는 집단이었다면, 이러한 인과관계는 성립하지 못할 것이다. 어떤 연구자는 선발의 불균형이 없다는 것을 입증하기 위하여 실험적 처치 이전에 사전 검사를 실시하여 출발점

당시 실험집단과 비교집단의 성적이 같다는 것을 보이기도 한다. 그러나 이러한 방법은 또 다른 오류의 가능성을 내포하고 있기 때문에 그리 좋은 방법이라 할 수 없다 (여기에 관해서는 "사전 검사 효과" 및 "실험자에 의한 효과"에서 상세히 설명하겠다). 선발의 문제도 역시 실험 설계로써 풀 일이다.

대상의 체계적 탈락

실험적 처치가 진행되는 동안에 실험 대상이 체계적으로 탈락하는 경우가 있다. 체계적 탈락이란 말은 관찰 대상에서 빠지는 인원이 완전히 우연에 의해 무작위로 구성된 것이 아니라, 어떤 특별한 이유에 의해 공통적인 속성을 가진 사람들로만 구성되는 경우이다. 예를 들어 어떤 학교에서 수학을 가르치는 새로운 프로그램의 효과를 검증하기 위하여 그 프로그램을 시험적으로 실시하고 학업성취도를 측정하여 전통적 방식으로 수업한 과거의 결과와 비교해 본다고 하자. 이 프로그램이 진행되는 동안에 전학을 간 학생 몇몇이 실험 대상에서 빠진다면 이는 큰 문제가 될 수 없다. 그러나 만일 이 기간 동안에 전국 수학경시대회에 출전할 학생들이 전부 빠져버린다면, 이는 전체 실험집단의 성취도 검사 결과에 영향을 미칠 것이며, 처치의 효과를 과소평가하게 될 것이다. 또 만일 하위권 학생들이 이들을 따로 모아 실시하는 특별 교정교육 등의 이유로 모두 빠져버린다면 이번에는 처치의 효과를 과대평가하는 결과를 낳을 것이다. 이러한 사태가 뜻밖에 생긴 것이라면 연구자의 운이 나쁘다고 할 수도 있겠다. 이번에는 과거 많은 교육 연구에서 되풀이되어 왔던 오류로서, 사려 깊은 연구자라면 미리 방지할 수도 있었던, 잘못된 연구 설계의 예를 들겠다.

한 연구자가 교직 경험과 교사의 직무만족도 사이의 관계를 조사하였다. 이를 위하여 전국의 교사를 대상으로 무선 표집하여 직무만족도 검사를 실시하였다. 그리고 교사의 교직 경험을 기준으로 4집단으로 나누었다. 5년 미만, 5~9년, 10~14년, 15년 이상. 이렇게 나눈 각 집단의 직무만족도 평균을 산출하여 서로 비교하였다. 그 결과 교직 경험이 오래된 집단일수록 직무만족도 평균이 높았다. 따라서 이 연구자는 교직 경험이 직무만족도를 높이는 원인의 하나라고 결론지었다.

이 연구의 허점은 어디에 있을까? 물론 교사들의 체계적인 탈락을 고려하지 못한 것이다. 교직 경험이 계속되는 전 과정에서 직무만족도가 낮은 교사들은 기회가 주어지면 직업을 바꾸고자 노력할 것이다. 따라서 교직 경험이 오래된 집단일수록 직무만족도가 낮은 교사가 남아 있을 가능성은 작아진다. 그것은 집단의 직무만족도 평균을 높이는 결과를 가져왔을 것이고, 따라서 이 연구에서 내린 교직 경험과 직무만족도 사이의 인과적 해석은 타당치 않다. 이와 같이 대상의 체계적 탈락은 연구에서 인과관계를 왜곡하게 하는, 오류의 덫이 될 수 있다. 쉽게 보이지 않는 가능성까지 읽을 수 있는 연구자의 안목만이 이런 덫을 피할 수 있다.

통계적 회귀현상

통계적 회귀현상이란 처음 측정 때 극단에 가까웠던 점수는 다음 번 측정 때 평균 쪽으로 이동하는 경향을 보이는 현상이다. 예를 들어 학교에서 두 차례의 시험을 보았을 경우, 첫 시험에서 상위 10%와 하위 10%를 차지했던 학생들의 다음 번 성적 평균은 상위권 학생들의 경우 아래로, 하위권 학생의 경우 위로 이동하는, 즉 평균 쪽으로 회귀하는 경향을 보인다. 이러한 현상이 나타나는 이유는 역시 측정 도구의 결함 때문이다. 측정 도구가 완전하지 못할 때 측정치에 오차가 포함되기 마련인데, 더 이상 나갈 자리가 없는 상한이나 하한선 부근에서는 오차가 평균 쪽으로 작용할 여지가 더 커지기 때문이다.

성적이 상위권인 집단이나 하위권인 집단을 대상으로 하는 연구일 경우, 이 통계적 회귀현상이 존재함을 고려하지 못하면 잘못된 결론에 도달하게 될 것이다. 상위권의 경우 처치효과를 과소평가하고, 하위권의 경우 이를 과대평가하게 될 가능성이 크다.

사전 검사 효과

사전 검사는 주로 실험적 처치 이전과 이후의 변화를 비교하기 위한 목적에서 사용된다. 그러나 이 경우 사후 검사의 결과를 순수하게 실험적 처치의 효과로 해석하기 어렵게 되는 문제가 생긴다. 사전 검사를 치르는 과정에서 생긴 학습 효과일 가능성이 있기 때문이다. 사전 검사 효과는 단순히 학습 효과로서만 작용하는 것이 아니라, 실험적 처치와 상호작용을 일으키는 수도 있다. 학습과제에 따라서는 사전 검사를 실시함으로써 그 주제에 대한 학습자의 태도나 지식 기반을 민감하게 하여 학습에 상승 효과를 일으킬 수도 있다는 의미이다. 이러한 상호작용 효과의 존재가 예상된다면 그것은 실험 결과를 토대로 인과관계를 추리하는 데 중대한 지장을 초래하게 되므로, 보다 복잡하고 정교한 실험 설계를 모색하거나, 아니면 사전 검사 자체를 연구 과정에서 제외시키는 것을 고려하여야 한다.

지금까지 논의된 내용은 주로 어떤 실험적 처치 이후의 결과로 얻어진 측정 점수를 인과적으로 해석할 수 있는가의 문제였다. 이후 제시될 몇 가지 오류 형태는 주로 그 결과가 얼마나 일반적으로, 실험 장면 이외의 곳에서 해당될 수 있을까 하는, 일반화 가능성에 초점을 두고 있다. 많은 연구자들이 전자를 내적 타당도, 후자를 외적 타당도로 구분하고 있는데, 인과관계의 성립 여부에 초점을 두고 본다면 둘 사이의 구분은 모호해지는 점도 있어 여기에서는 그런 구분 없이 한꺼번에 제시하였다.

실험자에 의한 효과

실험자가 연구에 영향을 미칠 수 있다는 것은 어쩌면 생소하게 들릴 수도 있겠다. 그러나 현실적으로 실험 연구가 진행되는 과정에서 실험자에 의해 실험 환경이 오염되기도 하고, 또 의식하지 못한 심리적 요인이 피실험자에게 영향을 미치기도 한다. 연구 설계의 단계에서 이러한 일이 발생할 가능성을 예측하고 그 방비책을 수립하는 일이 필요하다.

실험자의 효과는 어떤 정형이 있는 것이 아니라 여러 가지 형태로 나타나는데, 여기서는 그 몇 가지 예를 들기로 하겠다. 중요한 것은 언제나 그 가능성을 읽어 낼 수 있는 안목임을 명심하자. 먼저 어떤 새로운 실험적 처치(이는 새로운 교육 방법일 경우가 많다)에서 사용되는 기자재를 주변의 교사들이 보고 괜찮다고 생각되면 자신도 그 일부를 사용하거나 그 아이디어를 수업에 도입할 가능성이 있다. 만일 이들이 실험집단과 비교집단으로 나누어진 것이었다면, 이 일은 실험적 처치가 없어야 할 비교집단에 처치의 일부가 흘러 들어간, 오염이 생긴 셈이 된다. 따라서 만일 이런 일이 예상된다면 실험 설계 과정에서 실험집단과 비교집단을 공간적으로 분리하여야 한다.

또 만일 연구자와 실험자가 동일인일 경우 실험적 처치 과정에서 눈에 보이지 않는 심리적 요인이 학습 효과에 영향을 미칠 수도 있다. 연구자는 대부분의 경우 자신이 제안한 방법이 효과가 있다고 믿고 있는 경우가 많다. 자신이 지도하는 학생들의 성취도가 높을 것이라고 굳게 믿고 있을 때, 실제로 학생들은 그 기대에 부응하기라도 하는 듯이 성적을 올리는 경향이 있다. 그 과정이 명확히 밝혀지지 않은 이 신기한 현상은 '자기 충족적 예언(self-fulfillment prophecy)'이라는 용어로 사회학 계통에서는 잘 알려져 있다. 특히 실험적 처치 이전에 어떤 검사를 실시하는 경우 연구자들은 이러한 현상이 일어날 가능성이 있는가를 주의 깊게 살펴야 한다. 예를 들어 IQ와 학업성취도의 관계를 연구할 때 수업을 진행하는 교사가 각 학생의 IQ를 알게 된다면 그 교사는 각 학생의 성취에 대한 예측 또는 기대를 가지게 될 가능성이 높고, 이런 것들이 실제 학생의 성취에 영향을 미친다. 또 실험적 처치 이전에 사전 검사가 실시될 경우 그 점수를 실험자가 알게 되는 경우 결과에 대한 긍정적 또는 부정적 예언을 할 가능성이 있어 그것이 자기 충족적 예언의 효과로 나타날 수도 있다.

플라시보(placebo) 효과

앞에서 순수한 실험적 처치 이외에 실험자가 결과에 영향을 미치는 경우를 들었는데, 실험 환경이 피실험자에게 심리적 영향을 미치는 경우도 있다. 그 대표적인 예가 플라시보 효과이다. 플라시보 효과는 원래 새로 개발된 약의 효능을 검증하는 과정에서 흔히 발견되는 것으로서, 약의 성분이 들어 있지 않은 가짜 약(플라시보)을 환자가 약이라 믿고 복용했을 때 나타나는 효과이다. 이것이 때로 진짜 약과 유사한 효과를 나타내는 경우가 있어서 어떤 약을 투여하여 얻은 효과가 순수한 약효인지, 아니면 환자의 기대가 반영된 플라시보 효과인지가 모호해지는 것이다. 이러한 플라시보 효과를 통제하기 위하여 흔히 사용하는 방법은 일정수의 환자에게는 진짜 약 대신 플라시보를 복용하게 하여 그 효과를 비교해 보는 것이다. 물론 약을 복용하는 환자는 그것이 진짜 약인지 플라시보인지 알 수 없어야 한다. 한편 약을 처방하는 사람 측에서 보면, 이 약을 복용한 환자가 틀림없이 효능을 볼 것이라는 기대감(자기충족적 예언)이 작용할 수도 있다. 그렇게 되면 역시 약의 정당한 성능을 측정할 수 없으므로 처방하는 사람도 각 환자에게 진짜 약이 가는지 플라시보가 가는지 알 수 없게 하기도 한다. 그 정보는 연구자에 의해 비밀리에 통제되게 하는 것이다. 이와 같이 처방하는 측과 복용하는 측 양쪽에서 주어진 약이 진짜 약인지 플라시보인지 모르게 하는 진행을 Double-blind Experimentation이라고 한다. 잠깐 이야기가 옆으로 흘렀는데, 교육 현장에서도 새로운 교육 방법이나 도구가 사용될 때 플라시보 효과가 의심스러운 경우가 많다. 이러한 경우 그 효과를 검증하기 위하여 연구자는 실험 설계 단계에서 이를 통제할 수 있는 방법을 고안하여야 한다.

John Henry 효과 및 Hawthorn 효과

어떤 새로운 방법을 고안하여 그 효과를 입증하고자 할 때 흔히 쓰는 방법 중의 하나가 새로운 방법을 적용하는 실험집단과, 전통적 방법을 적용하는 비교집단을 두어 그 효과를 비교하는 것이다. 그런데 피험자들이 자신이 어떤 실험에 연루되어 있다는 사실을 알게 될 때 이들은 두 종류의 심리적 영향을 받을 가능성이 있다. 하나는 비교집단에 속한 피험자들이 자극을 받아 평소보다 훨씬 더 열심히 과제를 수행하는 경우이고(John Henry 효과), 또 하나는 실험집단에 속한 피험자들의 동기가 자극되는 경우이다. 어느 편이든 결과 해석의 일반화 가능성을 저해하는 사태이므로 연구자의 입장에서는 그리 달갑지 않은 현상이다. 이를 피하는 방법은 가능한 한 피험자들이 실험 환경을 일상적이고 자연스러운 것으로 느낄 수 있도록 유도하는 일이다.

실험 설계의 원리를 이해한다는 목적을 위해서는 독자들은 더 이상의 설명을 필요로 하지 않을 것으로 생각된다. 그러나 Hawthorn의 연구는 경영이나 교육 연구의 새로운 돌파구를 여는 계기가 된 중요한 사건이므로 여기 소개하기로 한다. 이 내용은 Hersey & Blanchard(1988)의 책 Management of Organizational Behavior, pp. 51-54에서 발췌, 요약했다.

Hawthorn은 미국 일리노이주에 있는 West Electronic 회

사의 공장이 있는 지역이다. 여기서 수행된 연구는 처음에는 작업 환경과 근무 시간과 근무 방식의 이상적인 조합 방법을 모색하기 위하여 시작되었다. 연구자들은 먼저 조명을 더 밝게 해 주면 생산량이 늘어날 것으로 예측했다. 따라서 이들은 두 집단을 설정하여 실험을 진행하였다. 한 집단, 즉 실험집단은 조명의 강도를 점차 높여 주었고, 다른 집단, 즉 비교집단은 종래와 같은 조명 조건에서 일하게 하였다. 그 결과 실험집단의 생산량은 예상대로 증가되었다. 그런데 놀랍게도 조명을 높여 준 일이 없는 비교 집단의 생산량도 증가한 것이었다. 이 뜻밖의 결과를 설명하기 위하여 연구자들은 물리적인 조건 외에 인간 행동에 관한 고려가 필요하다는 판단을 하게 되었고, 당시 하버드 대학의 Elton Mayo 박사 팀을 합류시켜 실험 연구를 확대하였다.

Mayo 연구팀은 여직공을 대상으로 장기간에 걸쳐 꾸준히 작업 환경을 개선하였다. 예를 들어 휴식 시간제 도입, 점심 제공, 근무일 단축 등이 그것이었다. 그리고는 갑자기 이 모든 것을 일거에 제거하고 근무 환경을 처음 실험을 시작하던 상태로 되돌려 놓았다. 이러한 갑작스러운 변화는 당연히 심리적으로나 생산성 면에서 상당히 부정적인 결과를 초래할 것으로 예측되었다. 그러나 결과는 그 반대로, 생산량은 오히려 늘어났다.

그 이유는 대체 무엇일까? 그 해답은 생산성 측면에서

찾아질 성격이 아니라 인간의 측면에서 찾아야 한다는 결론에 도달했다. 연구팀은 곧 이 회사의 약 2천명의 직원을 대상으로 면담조사 계획을 수립했다. 면담이 진행 된지 얼마 지나기 전에 연구팀은 이들의 속사정을 알아내기 위해서 구조화된 질문과 답변 형식의 인터뷰는 아무 소용이 없다는 것을 발견했다. 따라서 연구팀은 이미 정해진 질문 내용을 포기하고, 직원들이 하고 싶은 이야기를 마음대로 할 수 있게 하는 방식으로 인터뷰 내용을 수정하였다. 이것은 애초의 연구 목적을 달성하는 데는 미흡했으나, 직원들에게는 대단한 효과를 거두었다. 이 인터뷰를 통하여 직원들이 마음에 품고 있던 생각을 속 시원히 털어 버릴 수 있었던 점과, 경영자가 직원들을 중요하게 생각한다고 느꼈던 점이 그것이다.

이 연구는 과거의 연구에서 해명되지 않았던 부분에 대해 설명의 실마리를 제공하고 있다는 점에서 중요성을 갖는다. 즉, 조직을 설명함에 있어 물리적인 환경 요인에 인간관계라는 새로운 변수를 추가하여 고려하지 않으면 안된다는 메시지를 주고 있는 것이다.

실험 설계의 원리 2

잘못된 연구 설계의 예

앞에서 설명한 인과적 해석의 전형적 오류를 잘 이해한다면 연구 설계에서 잘못된 점을 지적할 수 있는 안목이 생길 것이다. 중요한 것은 우리가 어떻게 하면 무신경하게 현상을 해석하고 이해하던 관습에서 벗어나, 그 인과의 고리를 비판적으로 성찰할 수 있느냐 하는 점이다. 우리가 교육 연구에서 가장 흔하게 접할 수 있는 전형적인 문제를 예로, 이를 규명하기 위한 몇몇 연구 설계의 약점과 강점을 살펴보기로 한다. 그 전형적인 문제란 다음과 같다.

새로 개발된 학습 프로그램 X가 있다. 이 프로그램은 과연 전통적인 학습 방법보다 효과적일까?

이 문제는 일반적인 언어로 표현되어 있지만 그 속에는 프로그램 X와 보다 높은 학업성취도 사이의 인과관계를 밝힐 수 있는가 하는 의미가 내포되어 있다. 이와 같이 교육 연구에서 다루어지는 대부분의 문제는 결국 인과관계의 성립 여부를 묻는 문제이다.

일회성 사례연구 (One-shot case study)

X	O

위의 문제를 실증적으로 밝히고자 할 때, 연구 방법에 대한 지식이 없는 이들이 사용할 가능성이 가장 높은 방법이 일회성 사례연구이다. 이것은 한 집단을 대상으로 프로그램 X라는 처치를 제공하고, 끝에 시험을 보아서 높은 점수가 나오는가를 관찰하는 방법이다. 위 도식에서 O는 관찰(Observation)을 의미한다. 그러나 우리는 사후에 얻어진 점수와 처치 사이에 인과관계를 형성함에 있어 다른 설명의 가능성을 배제할 수 있는 방법이 없다. 심지어 학생들의 성적이 향상되었는지조차 알 수 없다. 그밖에, 앞에서 언급한 인과적 해석의 전형적 오류 요소들의 거의 대부분에 대해 이 방법은 무방비 상태라 하지 않을 수 없다. 따라서 일회성 사례연구는 비록 단순하고 시행이 간편하다는 이점은 있으나 인과관계를 구성하는 목적으로 사용하기에는 매우 나쁜 방법이다.

동일 집단 비교 (One-group pretest-posttest design)

O1	X	O2

이 방법은 선발된 집단에 대해 사전 검사를 실시하여 최초의 상태를 확인하고 프로그램 X에 의한 처치가 진행되고 난 후 다시 사후 검사를 실시하여 점수의 차이를 확인하는 방법이다. 이것은 사전 검사라는 비교의 준거가 있다는 점에서 앞의 방법보다 훨씬 개선된 방법이지만, 여전히 여러 약점을 가지고 있다. 가장 치명적인 것은 처치 이후의 사후 검사에서 점수가 향상된 것이 확인되었다 하더라도 그것이 순수 처치효과인지 아니면 피험자의 성장이나 또는 외부적 여건의 개입에 의한 것인지 알 수 없다는 점이다. 또 만일 측정 도구에 결함이 있어서 신뢰도가 만족스럽지 못하다면, 그런 도구로 측정한 점수의 향상이라는 것도 큰 의미를 갖지 못하는 것이다. 이 밖에도 이 설계는 통계적 회귀현상에 의한 오차의 발생 가능성이 크다. 만일 전통적 방법에 의해 학습한 비교집단을 하나 더 두어 그 결과를 서로 비교한다면 이러한 문제를 대부분 해소할 수 있을 것이다.

그러나 교육 현장에서는 이 방법을 사용할 수밖에 없는 경우가 종종 있다. 여건상 대상 학습자에 대하여 다른 학습 방법을 적용하는 것이 허용되지 않는 경우가 그것이다. 또 그것이 허용된다 할지라도 실제로 적용하기 어려운 경우도 있을 수 있다. 예를 들어 학습 부진아 집단의 학습 결손을 치유할 수 있는 획기적인 프로그램을 개발했을 경우, 그 효과를 입증하기 위해 한 학교에서 학습 부진아 집단 모두에게 그 프로그램을 적용하지 않고, 절반은 기존의 학습 방법에 의해 학습하게 한다면 그것은 교육의 책무성 또는 윤리적인 문제일 수 있기 때문이다.

잘 된 연구 설계

무작위 할당, 통제집단을 둔 사후 검사 설계 (Randomized, posttest only control group design)

R		O_1
R	X	O_2

앞에서 잠시 언급한 것과 같이, 동일 집단 비교에 의해 발생할 수 있는 문제의 대부분은 무작위 할당, 통제집단을 둔 사후 검사 설계에 의해 해결할 수 있고, 이것이 애초에 주어진 문제에 대한 실증적인 답을 얻는 데 있어서 가장

강력한 설계라 할 수 있다. 위에 시각적으로 표시한 것에 의하면 이 설계는 두 집단을 두고, 한 집단은 실험적 처치를 제공하고, 다른 한 집단에게는 그것을 제공하지 않고 전통적인 방법에 의해 학습하게 한 후 각각의 성취 결과를 관찰하는 것이다. 이렇게 실험적 처치를 제공하는 집단을 실험집단이라 하고, 제공하지 않는 집단을 비교집단이라 한다. 이 중 R은 무작위 할당(Random assignment)을 의미한다. 이것은 연구의 대상이 된 참가자들이 어느 한 집단에 배정되는 일이 전적으로 우연에 의해 일어났으며 인위적인 요인이 전혀 없었다는 것을 뜻한다. 다시 말하여 모든 참가자들은 한 집단에 선발될 똑같은 확률을 가지며, 어느 누구에게도 0%의 확률이 두어지지 않는다는 의미이다.

왜 이 설계가 강력한가 하면, 이것으로써 인과적 해석에 개입하는 전형적 오류 유형이 대부분 통제되기 때문이다. 예를 들어 피험자의 내부적 변화나 외부적 사건이 개입한다 하더라도 그것은 실험집단과 비교집단에 동일하게 작용할 것이므로 두 집단의 차이는 여전히 처치효과의 유무를 공정하게 반영한 것이라 할 수 있다. 측정 도구의 결함이 있다 하더라도, 그 조건이 두 집단에게 동일하게 주어져 있으므로 어느 정도까지는 중대한 영향을 받지 않는다. 선발의 불균형은 선발이 우연에 의해서 이루어졌기 때문에 우연히 작용하는 범위 안에서 일어날 가능성이 있으나 그것은 집단 내의 점수 분포를 분석하여 확률로써 예측될 수 있다. 그것을 통계적 검증이라고 한다.

이제부터 이러한 설계에 의한 실험 결과를 검증하기 위하여 어떻게 통계 처리하는지 설명하려고 한다. 그런데 이 과정을 이해하기 위해서는 사전에 알아야 할 개념들이 몇 가지 있다. 조금은 길고 지루한 과정을 거쳐야 하지만 순서에 따라 차근차근 이해하고 나아가면 연구 방법에 대한 핵심을 포착할 수 있을 것이다.

감기의 효능

어린 시절, 겨울 감기를 앓고 있던 어느 날이었다. 나는 몸을 따뜻하고 편안하게 하고 있었다. 입에는 쓴 약의 뒷맛이 있고, 머리에는 열이 있었다. 창가엔 온유한 해가 머물고, 난로 위 보리차가 끓고 있었다. 한순간 나는 행복 같은 것을 느꼈다. 기묘한 경험이었다. 감기는 나쁜 것만이 아니라 때로 따뜻함에 맛을 더 해 주는 양념일 수도 있다는 생각을 하게 되었다. 어디서 배운 것은 아니다. 의학에서도, 감기의 증세나 감기약의 부작용이라면 모를까, 감기의 효능 같은 것들은 다루지 않는다. 그러나 치열한 현실에서 한 걸음 물러서서 보면, 가끔 이런 것이 보일 때가 있다. 현실적인 사람에게는 허상에 불과한 것이겠지만.

과학 시간에 별은 춤추는 것이 아니라고 배웠다. 무슨 기체가 연소하고, 빛의 파장이 어쩌고 해서 가물가물하게 보이는 것이지 춤추는 것이 아니란다. 종달새가 즐겁게 노래하는 것도 실은 자기 영토에 침입하지 말라는 외침이라 한다. 그러나 과연 새가 노래하고 별이 춤춘다고 생각하는 것은 잘못인가? 그럴지도 모른다.

요즘 살면서 가끔 생각나는 사람이 있다. 나에게서 교육과정 강의를 들은 학생이다. 그는 시간 강사였던 내 강의를 듣고 교사가 될 결심을 했다고 한다. 교사가 된 후 매년 명절 때마다 술 한 병을 들고 찾아왔다. 직장이 바뀌어도 어떻게 알고 꼬박꼬박 찾아왔다. 어쩌면 나는 그의 우상이었는지도 모른다.

내 어떤 말이 그의 마음을 그토록 움직였을까 생각해 보았다. 종강하던 날, 나는 학생들에게 내 지도교수의 인생을 소개했다. 냉장고 기술자가 될 예정이었는데 선생님의 말 한마디가 인생을 바꾸어 결국 교수가 된 분이었다. 나는 "교사란 이런 것이다. 한 인생에 깊고 깊은 영향을 줄 수 있는 것이다. 멋지지 않은가"라는 취지의 얘기를 했었다.

그는 말주변이 없는 것처럼 보였다. 매번 최소한의 인사말만 하고는 휑하니 사라졌다. 하긴 내 주위엔 손님과 이야기를 나눌 공간도 변변치 않았다. 나는 직장의 내 자리에 부끄러움을 느껴본 적이 없으나, 그 때만큼은 그에게 비치는 내 모습이 좀 더 나은 것이었으면 하는 생각을 해 봤다.

해가 지나면서 문득 그의 얼굴에 주름과 흰머리가 자리 잡아가는 것을 보았다. 피로의 흔적도 보았다. 항상 밤늦게까지 학교 업무와 교재 연구를 한다는 말을 들었다. 그는 결혼을 하지 못하고 노총각으로 늙어 가고 있었다. 나와 마찬가지로 그에게서 경제적 여유나 권력의 흔적은 찾을 수 없었다.

내 강의에 대해 후회하지는 않는다. 매 학기마다 나는 당당하고, 가난하고, 학문적 자부심을 가졌었다. 나는 교직의 현실적인 모습을 이야기하지 않았다. 그것보다 훨씬 격이 높고 중요하다고 생각되는 것들을 다루었다. 그런데, 그에 대해 생각할 때마다 잔잔한 아픔이 따르는 것은 왜일까? 어쩌면 그와 나는 새가 노래하고 별이 춤추는 세상을 공유하고 있는지도 모른다. 우린 다시 만나기 어렵겠지만, 항상 서로 기억할 것이다. 침묵으로 대신한 말까지. 내가 앓던 감기처럼, 그의 모든 수고가 아픔으로 남지 않고, 교직의 보람을 더욱 맛깔스럽게 하는 양념이길 간절히 바란다.

검증의 원리를 이해하기 위한 기본 개념

앞서 통계란 두 가지 기능을 갖는다는 것을 언급한 바 있다. 설명(explanatory)의 기능과 확인(confirmatory)의 기능이 그것이다. 설명의 기능이란 현상을 파악하는 데 있어 무엇이 어떤 정도로 어떠한지 수량적으로 기술하는 것을 말한다. 예를 들어 어떤 학급의 국어 시험 성적 평균이 몇 점이라든가, 전체 학생 중 사설 학원에 등록한 학생이 몇 퍼센트라는 등의 정보를 통하여 우리는 현실을 파악하는 데 도움을 받을 수 있다. 이것이 설명의 기능이다. 한편, 확인의 기능은 통계적 분석을 통하여 어떤 잠정적 결론의 진위를 판단하는 것을 말한다. 대통령 선거 때 1000명을 대상으로 여론 조사한 결과를 분석하여 후보자들이 각각 몇 퍼센트의 지지를 받고 있는지를 알 수 있는데, 이것은 물론 설명의 기능이라 하겠다. 그런데 여기서 한 걸음 더 나아가서, 이 조사에서 차이가 나타났듯이 과연 전체 유권자의 투표 결과에서도 차이가 나타날 것인지, 다시 말하여 어느 특정 후보가 당선되는 것이 확실한지 판단해 볼 수도 있다. 그렇다면 이것은 확인의 기능이 되는 것이다. 이러한 확인은 검증(test)이란 분석활동을 통하여 이루어지는데 검증의 원리를 이해하기 위해서는 오차와 확률에 대한 이해가 우선되어야 하며, 오차와 확률을 이해하기 위해서는 평균, 표준편차, 분포에 대한 이해가 또한 필요하다.

▌평균, 표준편차

평균은 물론 우리가 잘 알고 있는 개념이다. 평균은 한 집단의 성격을 하나의 수치로 나타내는 데 쓰인다. 교사들은 대부분 평균의 유용성을 잘 알고 있다. 어떤 시험을 치르고 난 후 학급 평균을 내어 보면 예년도에 비해 성적이 올라갔다든지 다른 학급과 비교하여 그 결과가 어떠하다든지 등의 해석이 가능해지기 때문이다. 평균을 계산하기 위하여 각 개인의 점수를 모두 더하여 사례수로 나누어 주면 된다. 이를 수식으로 표현하면 다음과 같다.

$$\overline{X} = \frac{\sum x}{N}$$

$\overline{X}$: 평균
N : 사례 수
x : 개별 점수

여기서 Σ 란 기호는 "Sum of" 라고 읽으며, 그 다음에 나오는 변수를 처음부터 끝까지 다 더한 수치를 의미한다. 평균은 그 집단을 대표하는 하나의 수치로 나타나지만, 같은 평균을 갖는다 하더라도 두 집단의 특성은 사뭇 다를 수 있다. 어떤 집단은 거의 비슷한 점수를 가진 개인으로 구성되어 있는 반면, 어떤 집단은 개인차가 매우 큰 경우가 있을 수 있다. 다음 그림을 보자.

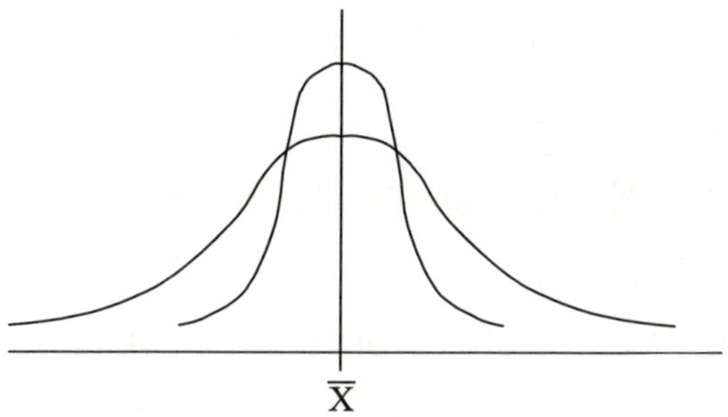

[그림 2] 같은 평균에 개인차가 다른 두 집단의 분포

위 [그림 2]에서 x축은 점수를, 생략된 y축은 빈도 또는 그 점수에 해당하는 사례수를 나타낸다. 따라서 위의 그림은 같은 평균을 가지면서 성격이 다른, 즉 동질적인 집단과 이질적인 집단의 두 분포를 나타낸다. 물론 폭이 좁은 분포를 가진 집단이 동질적 집단이다. 이러한, 이질성을 나타내는 수치가 표준편차(Standard Deviation : SD)이다. 표준편차는 개별적인 점수가 평균과 얼마나 차이가 있는지 (이를 편차라 한다)를 종합하여 그 평균적인 경향을

나타낸 수치이다.

$$SD = \sqrt{\frac{\sum (X - \overline{X})^2}{N}}$$

이 공식의 의미를 이해하는 것은 별로 어렵지 않다. 개별적인 점수와 평균과의 차이(편차)를 종합하기 위해서는 이 차이를 다 더해 주어야 할 것 같지만, 이 경우 평균보다 큰 점수들과 평균보다 작은 점수들이 서로 상쇄하여 0이 되어 버리므로 원하는 결과를 얻을 수 없다. 따라서 편차 부분이 음의 값을 갖지 못하도록 편차를 더하는 대신 편차의 제곱을 모두 더해서 이를 사례수로 나누어 주고, 그 값의 제곱근을 표준편차로 정한 것이다. 표준편차는 여러 가지 통계적 추론을 가능하게 하는 핵심 개념이다. 한 집단의 평균과 표준편차를 알면, 그 집단이 동질적인 집단인지 이질적인 집단인지 짐작할 수 있을 뿐 아니라, 한 점수가 전체 집단 속에서 대체로 어떤 위치에 있는지도 알 수 있다. 그 이유는 집단의 점수가 정상적으로 분포한 경우, 표준편차 단위에 따라 각 점수가 어디쯤 분포하는지가 알려져 있기 때문이다. 그리고 대부분의 경우 집단의 점수는 정상분포를 한다는 것이 세상의 이치이기도 하다. 자세한 설명을 하기 전에 먼저 분포에 대해 알아보겠다.

▌분포

양으로 표현할 수 있는 특성들의 집합은 대부분 정상분포(normal distribution)라는 모양으로 나타난다. 앞의 [그림 2]에서 보았던 두 개의 분포는 표준편차가 다를 뿐 모두 정상분포이다. 정상분포와, 정상분포가 아닌 여러 다른 분포들을 [그림 3]에 제시하였다.

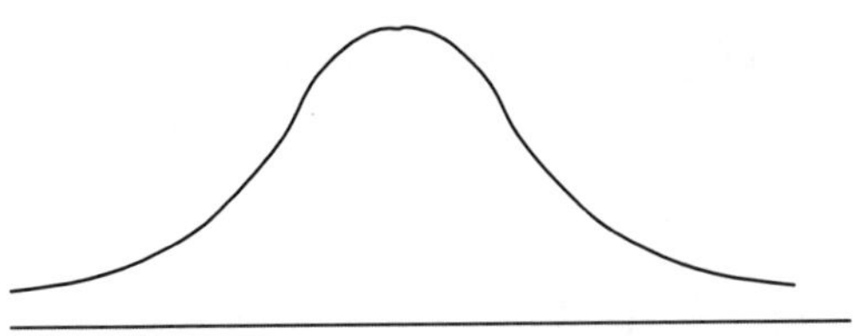

정상분포(normal distribution)

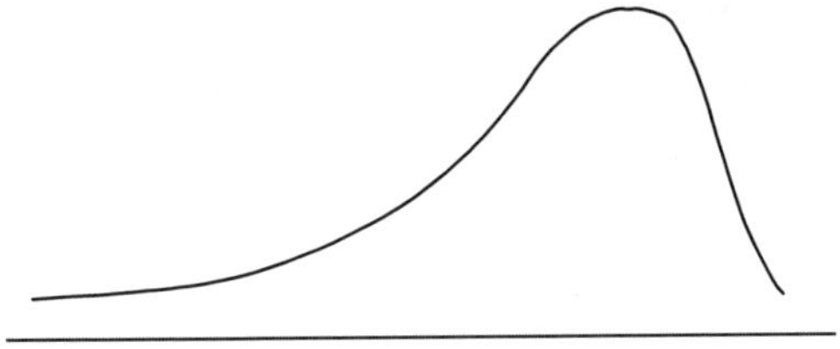

부적편포(negatively skewed istribution)

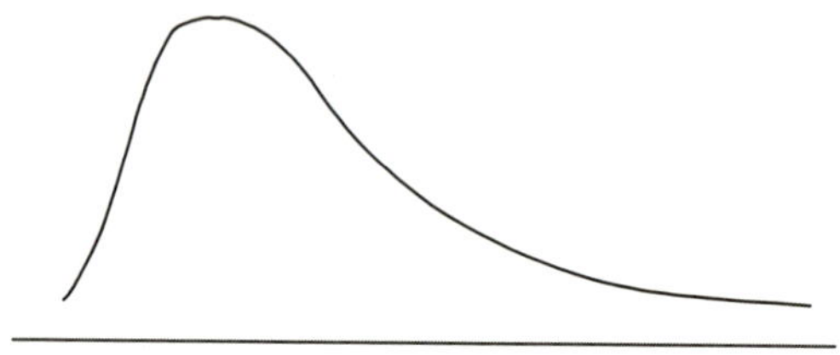

정적편포(positively skewed istribution)

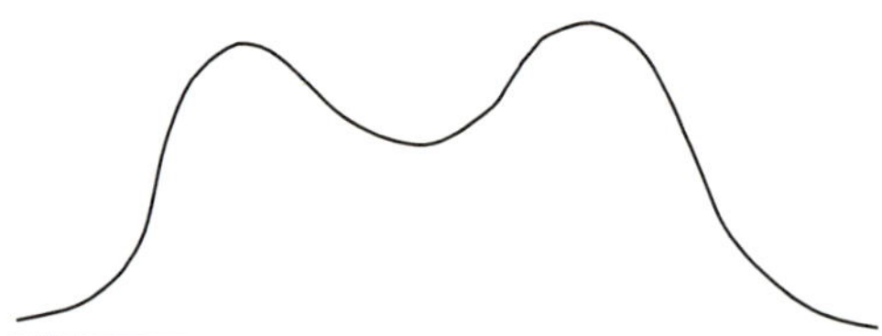

양봉분포(dual peaks distribution)

[그림 3] 일상에서 볼 수 있는 여러 분포들

정상분포는 종을 엎어 놓은 것과 같은 모양을 하고 있으며, 정점이 평균과 일치하고, 평균을 중심으로 양쪽이 대칭인 모양을 하고 있다. 이것은 중간 점수가 제일 많고, 극단적으로 높은 점수나 낮은 점수를 나타내는 경우는 아주 적으며, 중간에서 극단까지는 차차로 감소하게 된다는 매우 상식적인 이치를 반영하는 것이다. 어떤 집단 사람들의 키, 팔의 길이, 밭에서 산출된 콩의 무게 등 양을 갖는 대부분의 특성을 분포로 나타내면 이와 같은 정상분포를 갖게 된다. 교육 연구에서는 물론 학업성취도나 심리검사 점수 등이 많이 다루어질 것인데, 특별한 사정이 없는 한 이 특성들도 정상분포로 나타난다. 그러나 상당히 인위적인 조작이 가미되었을 때에는 아래 그림의 부적 편포(negatively skewed distribution)와 정적 편포(positively skewed distribution)가 나타날 수 있다. 부적 편포는 정점에 해당하는 점수보다 낮은 점수 쪽에 평균을 비롯한 많은 점수들이 위치해 있는 경우이고, 정적 편포는 정점에 해당하는 점수보다 높은 쪽으로 더 많은 점수가 분포된 경우이다.

예를 들어 수능시험을 볼 때 문제를 너무 쉽게 출제하여 성적이 높은 학생들을 잘 변별하지 못할 때 부적 편포가 나타날 수 있다. 반대로 너무 어렵게 출제하여 성적이 낮은 학생들의 점수가 별 차이가 나지 않는다면 그것은 정적 편포로 나타날 것이다. 그러나 이러한 일이 나타난다 하여 반드시 출제가 잘못되었다고 말할 수는 없다. 왜냐하면 그것은 시험의 목적이 무엇인가에 따라 달라질 수 있는 문제이기 때문이다. 또 정도의 차이가 있겠지만 웬만한 부적 편포나 정적 편포는 정상분포인 것처럼 해석하여도 크게 틀리지는 않는다. 그러나 위 그림의 맨 끝에 있는 분포는 매우 예외적인 것으로서 낙타 등처럼 두 개의 정점을 가지고 있다. 이것은 극단적으로 이질적인 두 집단이 합쳐졌을 경우에 나타날 수 있는 모양이다. 예를 들어 중학생 집단과 고등학생 집단을 한데 모아 영어나 수학 시험을 쳤을 때 점수 분포는 이러한 모양을 나타낼 수 있겠다. 연구자가 이러한 분포를 얻었을 때는 진행을 잠시 멈추고 왜 이런 일이 생겼는가를 생각해 보아야 할 것이다.

여기서 제시된 정상분포가 아닌 예들은 상당히 특별한 사정이 개입된 경우이고, 양적인 모든 것들은 정상분포의 특성을 갖는다는 것이 세상 만물의 이치라 할 수 있다. 이것은 고전적 통계학이 널리 적용될 수 있는 이유이기도 하다.

앞서 정상분포에서 어떤 집단의 점수의 평균과 표준편차를 알면 하나의 주어진 점수에 대한 상대적 등위를 알 수 있다고 하였다. 아래 그림을 보자.

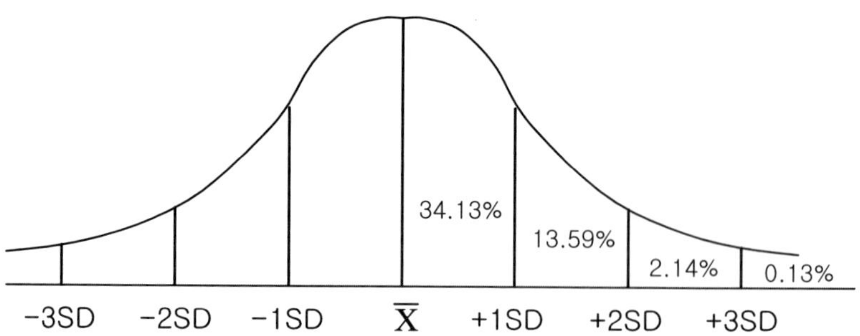

[그림 4] 표준편차의 의미

위의 [그림 4]는 평균에서 멀어진 표준편차 단위에 따라 전체 집단의 몇 퍼센트가 그 속에 속하는지를 나타낸다. 예를 들어 평균이 100, 표준편차가 10인 지능검사에서 130점을 기록한 사람이 전체에서 상위 몇 퍼센트인가를 알고자 한다면 먼저 이 점수가 평균에서 표준편차 단위로 얼마나 떨어져 있는가를 계산하여야 한다. 이 점수와 평균의 차이는 + 30, 표준편차가 10이므로 30점은 표준편차 단위로 + 3 SD이다. 위 그림에서 보면 + 3 SD에 해당하는 상대적 등급은 0.13%이므로 이 사람은 전체에서 상위 0.13%에 속하는 점수를 냈음을 알 수 있다.

이와 같이 점수를 평균에서 표준편차 단위의 거리로 표시하면 상대적 위치를 알 수 있다는 편리한 점이 있으므로 평가결과를 처리할 때 이 방법이 종종 사용된다. 이러한 점수를 표준점수(z score)라 하며, 계산식은 아래와 같다.

$$Z = \frac{X - \overline{X}}{SD}$$

즉, 표준점수 Z는 점수에서 평균을 뺀 나머지를 표준편차로 나누어 나타낸 값이다. 표준점수가 양으로 나타나면 그 점수는 평균보다 높은 점수이고, 음으로 나타나면 그 점수는 평균보다 낮은 점수임을 나타낸다. 표준점수는 한 점수가 평균에서부터 떨어진 정도를 표준편차 단위로 나타낸 것으로, 전체 속에서 상대적 위치를 파악하기 쉽게 만들어진 점수이다.

표준점수는 상관계수를 계산하기 위한 중간 단계로 사용되기도 한다. 설명의 편의상 이 자리에서 상관계수에 관해 설명하기로 하겠다.

상관계수

상관계수는 영국의 통계학자 Karl Pearson이 개발한 적률 상관계수(product moment correlation coefficient)가 가장 널리 쓰이며 이를 Pearson's r이라고도 한다. 상관계수는 상관관계를 나타내는 지수(指數)이며 이것은 두 변인 사이에 얼마나 강력한 관계가 있는가를 나타낸다. 다시 말하여 하나의 수치를 바탕으로 다른 하나의 수치를 얼마만큼 예측할 수 있는가를 가리키는 수라 할 수 있다. 이것은 동일한 대상(사례)에 대한 두 가지 서로 다른 특성이 얼마나 공통점을 가지는지 여러 사례에 대하여 분석한 결과이다.

상관계수는 -1에서 1 사이의 값을 가질 수 있는데, -1은 완벽한 부적 상관을, 1을 완벽한 정적 상관을 말한다. 완벽한 상관은 하나의 변수의 값을 x축에, 다른 변수의 값을 y축에 두고 개별 점수를 점으로 표시하면 모든 점들이 직선에 일치되는 것을 말한다. 여러 개인의 왼팔의 길이와 오른팔의 길이를 x축과 y축에 표시하면 그 점들은 거의 완벽한 직선 형태를 이룰 것이며 상관계수는 1에 가까울 것이다. 그러나 개인의 맥박 수와 학업성적을 x축과 y축에 표시하면 그 형태는 거의 직선의 모습을 나타내지 못하고 넓게 퍼진 점의 집합일 것이다 이런 경우 상관계수는 0에 가깝게 나타난다. 또 대학생의 당구 실력과 기말고사 성적을 표시하면 희미하게나마 부적 직선 형태를 보일 가능성이 있다. 하나의 점수가 높아지면 높아질수록 다른 점수는 낮아지는 것인데 이런 경우 상관계수는 음의 값을 가지게 된다. 요컨대 상관계수는 두 변인 사이의 관계의 방향과 강도(强度)를 나타낸다. 또한 상관계수의 크기는 두 변수의 값을 표시한 점들이 직선 형태를 이루는 정도라고 할 수도 있다. 따라서 상관계수를 산출하는 일은 통계의 설명적 기능에 해당한다. 다음 [그림 5]를 참조하라.

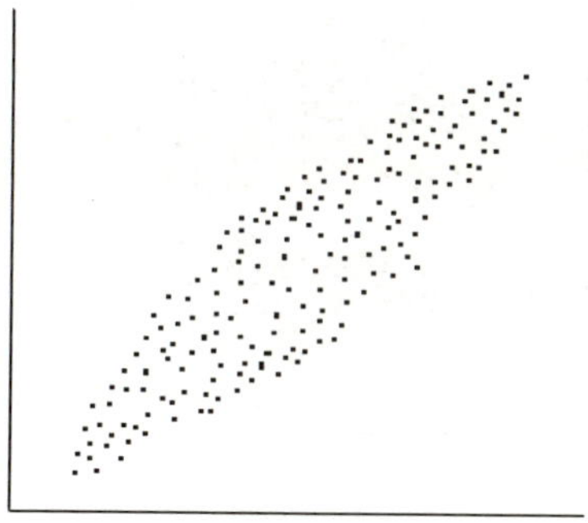

높은 정적 상관

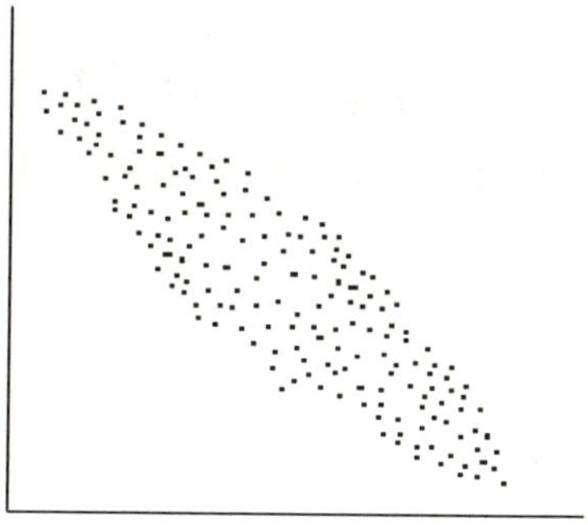

높은 부적 상관

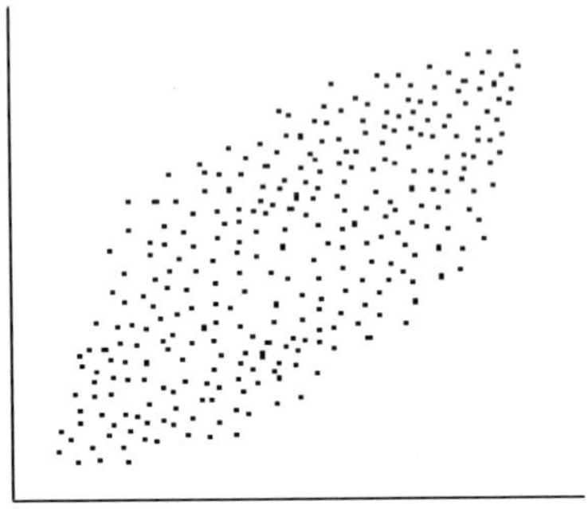

낮은 정적 상관

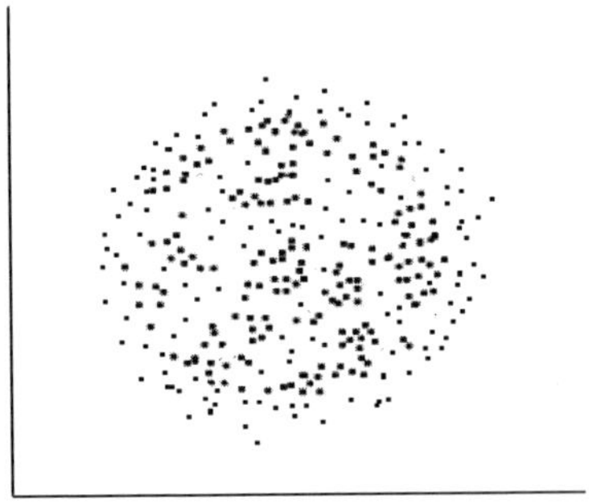

0 상관

[그림 5] 그림으로 본 상관관계의 의미

상관계수를 계산 과정으로 표현한다면 각 사례에 대한 두 변인의 표준점수의 곱을 모두 더하여 사례수로 나눈 결과라 할 수 있다.

$$r = \frac{\sum Z_x Z_y}{N}$$

r : 상관 계수

$\sum Z_x Z_y$: 표준 점수의 곱을 모두 합한 값

N : 사례 수

앞에 소개되었던 이론에 대한 이해에서 Bloom의 이론에 관하여 설명하였는데, 이 이론 구성에 기여한 연구의 하나는 선수학습과 학업성취도 사이의 관계였다. Bloom과 그의 제자들은 두 변수 사이의 관계를 규명하기 위하여 이 둘 사이의 상관계수를 구했다. 한 예로 한 학년의 학업성적과 그 다음 학년의 성적 사이의 상관계수는 약 0.7이라는 비교적 높은 수치를 얻었다. 한 학년에서 공부하는 것은 명백히 다음 학년에 공부할 것에 대한 선수학습의 의미가 있으므로 이 결과는 선수학습과 학업성취도 사이에 강력한 관계가 있음을 나타내는 것이었다. 이것 이외에도 여러 연구 결과를 토대로 Bloom은 선수학습과 학업성취도 사이에 인과관계가 있음을 입증할 수 있었다. 물론 인과관계를 충족시키기 위한 여러 조건들을 충분히 검토한 뒤의 일이다. 학습 동기와 학업성취도 사이의 관계도 상관 연구에 의해 밝혀졌고, 그 밖의 많은 변인들의 효과가 상관계수에 의해 알려질 수 있었다. 이처럼 교육 현상을 설명하는 데 있어서 상관계수는 매우 유용하게 사용된다.

다음으로, 상관계수를 산출하고 해석할 때 범하기 쉬운 오류에 대해 설명하겠다.

① 적률 상관계수는 비율척도(ratio scale)나 구간척도(interval scale)에서만 적용된다.

같은 숫자라 하여도 출석부에 적힌 번호는 서로 구분하는 목적에만 사용될 수 있을 뿐 크기를 의미하지는 못한다.

이런 척도를 명명척도(nominal scale)라 한다. 또 석차는 순서를 나타낼 뿐 1등과 2등의 차이가 얼마인지를 나타낼 수는 없다. 이런 척도를 서열척도(ordinal scale)라 하는데 이 두 척도는 모두 적률 상관계수를 산출하는 목적에 사용될 수 없다. 서열척도를 사용하기 위한 방법으로는 Spearman rho 상관계수라는 것이 있는데 교육 연구에 거의 쓰이지 않기 때문에 여기서는 설명을 생략한다. 일반적으로 상관계수를 산출하는 데에는 명명척도, 서열척도보다는 더 많은 의미를 갖는 수치가 사용되어야 한다. 비율척도란 키, 몸무게, 절대온도 등과 같이, 절대적인 0이 존재하고, 10은 5의 2배라고 하는 것과 같은 비율적인 해석이 가능한 척도이다. 구간척도는 비율척도만큼 많은 의미를 갖지는 못하나 크기의 차이가 어디서나 일정한 것으로 인정될 수 있는 척도를 말한다. 시험 점수가 그 예이다. 0점을 맞았다고 하여 그 학생의 실력이 완전히 0이라고 할 수도 없고, 80점짜리 학생이 40점 맞은 학생의 두 배의 실력을 가진 것으로 해석할 수는 없다. 그러나 60점과 40점의 차이는 80점과 60점의 차이와 동일하다는 해석이 가능하기 때문에 구간척도는 비율척도와 함께 상관계수를 적용할 수 있다.

② 상관관계가 반드시 인과관계로 해석될 수 있는 것은 아니다.

두 변인 사이에 상관관계가 있다는 것은 한 변인의 수치를 토대로 다른 변인의 위치를 어느 정도 짐작할 수 있다는 것을 뜻한다. 그러나 상관관계가 그것 이상의 인과적 해석을 보장하는 것은 아니다. 예를 들어 학생들의 국어 점수와 영어 점수 사이에 0.8이라는 높은 상관계수가 보고되었다면, 국어 점수가 높은 학생에 대해서 그 학생의 영어 점수도 높을 것이라는 예측은 가능하지만, 어느 것이 다른 것에 대한 원인으로 작용한다고 해석할 수는 없다. 이런 경우에는 두 변인이 공통적으로 제 3의 변인, 예컨대 개인의 학습 능력에 영향을 받은 결과로 해석하는 것이 더 합리적일 것이다.

③ 상관계수의 크기는 완전한 관계(r=1)와 비교한 퍼센티지로 해석될 수 없다.

통계에 지식이 없는 사람들은 누구나 상관관계를 완전한 관계와 비교한 비율로 해석하고 싶은 유혹을 느끼게 된다. 그러나 그것은 정확한 해석이 될 수 없다. 예를 들어 선수학습과 학업성취도 사이에 $r = 0.7$ 이라는 값을 얻었을 때 이를 70% 완전한 관계로 해석할 수 없다. 또 상관계수 0.7은 0.35의 두 배에 해당하는 관계라는 해석도 불가능하다. 상관계수는 단지 관계의 방향과 강도를 나타내는 지수이기 때문이다. 다만 상관계수의 제곱은 제한된 의미에서 퍼센트로 설명될 수 있다. 선수학습과 학업성취도 사이에 0.7이라는 상관계수를 얻었을 때 0.7을 제곱한 수만큼, 즉 약 50% 정도로 두 변인의 점수는 분산을 공유한다는 해석을 할 수 있다. 분산은 표준편차의 제곱인데 이것은 결국 점수의 개인차를 뜻하는 것이다. 따라서 선수학습의 개인차는 학업성취도 개인차의 약 50%를 설명한다는 해석도 가능하다. 그러나 학업성취도의 50%는 선수학습 정도에 의해서 결정된다는 해석은, 매력적으로 들리지만, 주어진 상관계수만으로는 그 타당성이 확보될 수 없다.

④ 상관계수는 두 변인이 직선적 관계를 갖는다는 가정에서 산출된다.

아래 [그림 6]에서 보듯이 상관계수의 크기는 분포된 점들이 얼마나 직선에 가까운 모양을 나타내는가에 의해 결정된다. 따라서 전체의 점수 분포가 직선의 모양을 하고 있을 경우에 두 변인 사이의 관계의 크기가 정확하게 나타날 수 있다.

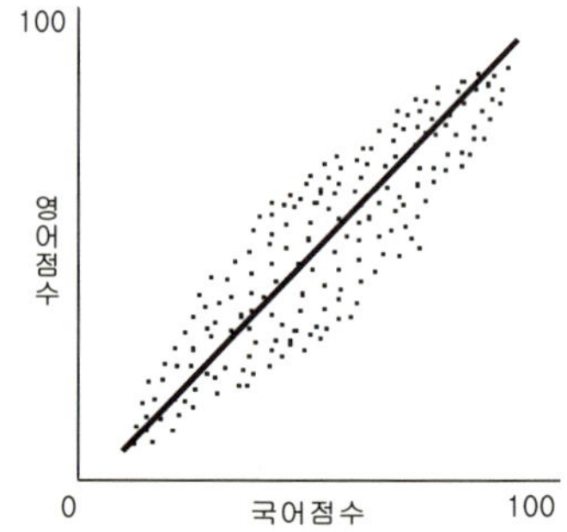

[그림 6] 직선형 상관관계의 예

상관계수의 산출 방식은 직선적 관계(linear relationship)를 가정하고 만들어진 것이기 때문에 점수의 분포가 직선에서 벗어나면 그만큼 상관계수의 절대값은 작아지게 된다. 다음 [그림 7]을 보자.

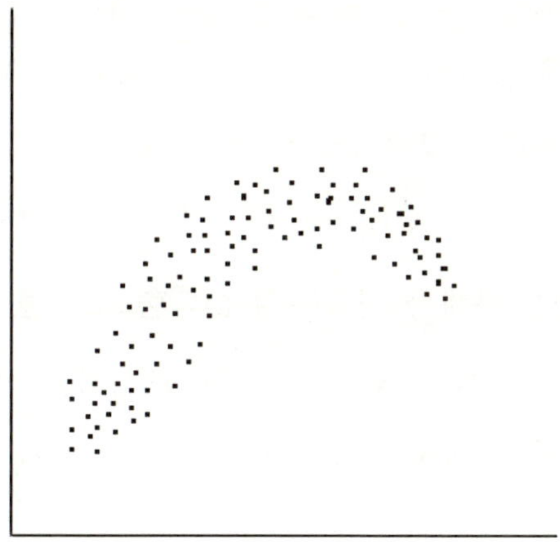

[그림 7] 직선형이 아닌 상관관계의 예

위의 경우 두 변인 사이에 강력한 관계가 있음이 분명하지만, 그 상관계수를 산출하여 보면 그다지 큰 값이 나오지 않을 것이다. 그 이유는 분포된 점들이 직선(회귀선)에서 비교적 멀리 떨어져 있기 때문이다. 이러한 경우에는 다른 분석 방법을 사용하여야 할 것이다. 두 변인이 직선의 관계에 있지 않은 경우 상관계수는 관계의 크기를 과소평가하게 되므로 이를 유의하여야 한다.

⑤ 사례의 범위가 제한되면 상관관계는 부정확하게 평가된다.

앞의 [그림6]에서 상위권과 하위권의 사례를 절반으로 나누어서 상관계수를 구하면 그 결과는 어떻게 될까? 그림으로 보아도 반이 잘려 나간 분포는 직선의 형태를 크게 잃기 때문에 상관계수가 과소평가될 것임을 알 수 있다. 또 이 경우에 중위권의 사례를 빼고 상위와 하위권 사례만으로 상관계수를 산출한다면 그 결과는 상관계수를 과대평가하게 될 것이다. 따라서 상관관계를 구하고자 할 경우 사례의 범위가 제한되어 있지 않은가를 반드시 고려하여야 한다.

⑥ 예외적인 사례가 나타나면 신중한 고려를 요한다.

예외적인 사례란 전체의 경향과 판이하게 다른 점수를 보이는 사례를 말한다. 아래 [그림 8]은 예외적인 사례가 있는 두 가지 예이다.

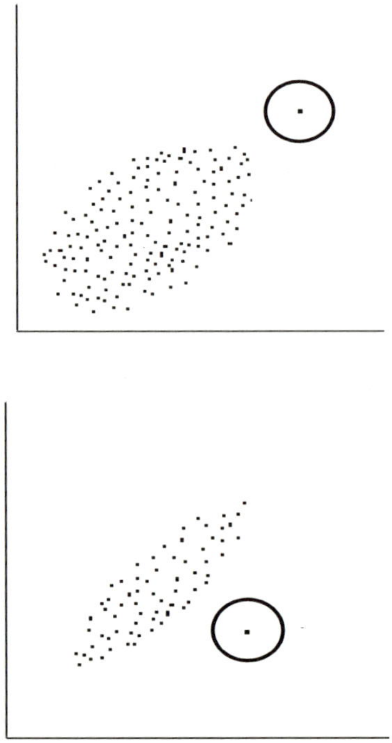

[그림 8] 예외적인 사례가 있는 경우

예외적인 사례가 문제가 되는 이유는 그 사례가 전체 상관계수에 미치는 영향이 너무 크기 때문이다. 위 그림의 왼쪽 예는 두 변인에 대해 출중한 점수를 가진 사례 하나로 인해 전체 분포가 일거에 직선 모양을 띠게 하고 있는 경우이다. 물론 이 사례는 상관계수를 높이는 데 기여할 것이다. 아래쪽 예는 하나의 변인에는 높은 수치를 나타냈지만 다른 변인에서는 아주 낮은 수치를 나타낸 경우로서 이 사례는 전체 상관계수를 크게 낮출 것이다. 이러한 사례들은 흔히 현실을 반영하는 것이 아니라 우연한 특수 사정 때문에 생길 가능성이 높다. 예를 들어 국어 성적과 영어 성적 사이의 상관관계를 구하는 과정에서 한 학생이 국어 시험은 잘 쳤으나 영어 시험 중에 갑자기 몸이 아팠거나, 답안 작성 때 번호가 하나씩 밀려 있는 것을 발견하지 못했거나 하는 이유로 실력보다 훨씬 낮은 점수를 받는 경우가 있다. 이런 경우라면 이 사례를 제거하고 상관계수를 산출하는 것이 현실을 제대로 반영한다는 의미에서 바람직하다 하겠다. 이처럼 예외적인 사례가 발견되면, 이는 상관계수에 미치는 영향이 크므로, 그 사정을 조사하여 사례를 제거해야 하는지 그대로 두어야 하는지를 신중하게 결정하여야 한다.

⑦ 측정의 신뢰도가 낮을 경우 상관관계는 과소평가된다.

신뢰도는 측정치가 항상 일치된 결과로 나오는 정도를

말한다. 신뢰도가 낮아지면 상관계수는 실제보다 낮은 수치로 나타나게 된다. 상관계수는 두 수치가 얼마나 강력한 관계를 가지고 있는가를 나타내는데, 측정 도구의 신뢰도가 낮다는 것은 그만큼 오차가 많이 개입하였다는 뜻이고, 이것은 점수가 우연에 의해 정해진 부분이 크며, 이것이 관계의 강력함의 정도를 떨어뜨리는 결과를 가져온다. 따라서 상관계수를 계산할 때 측정 도구의 신뢰도가 완벽하지 않다면 진짜 상관계수는 그보다 좀 더 높은 값일 수도 있다고 짐작할 수 있다. 신뢰도를 이용하여 상관계수를 교정하는 공식은 다음과 같다.

$$r_c = \frac{r}{\sqrt{r_1 \times r_2}}$$

r_c : 교정된 상관계수

r_1 : 검사 1의 신뢰도

r_2 : 검사 2의 신뢰도

r : 최초의 상관계수

이 공식에 의해 교정된 수치는 현상을 보다 정확하게 반영한다고 주장할 만한 근거는 없고, 연구 조건의 제약이 없었다면 이렇게 될 수도 있었다는 정도의 의미로 해석하는 것이 올바르다.

지금까지 검증의 원리를 이해하는 데 필요한 기본 개념 몇 가지를 설명하였다. 이러한 기본 개념들의 중심에는 언제나 표준편차가 있다. 이것은 집단의 점수가 평균 주위에 얼마나 가깝게 또는 멀게 분포되어 있는가를 나타내는 수치였다. 통계적 검증에서 표준편차의 중요성은 무엇보다도 그것이 오차의 정도를 추측하는 실마리를 포함하고 있다는 데 있다. 검증이란 결국 집단 간에서 관찰된 차이와 오차의 정도를 비교하여 어느 편이 더 심각한지를 판단하는 일이다. 그 과정에 대해서는 후에 자세히 설명하기로 하고, 여기서는 먼저 오차에 대해 설명하겠다.

▌오차

오차는 통계 수치 중 정확하지 못한 부분을 말한다. 예를 들어 현재 서울에 거주하는 중학생의 신장 평균을 조사한다고 하자. 이를 위해 900명의 남녀 중학생을 무작위로 선발하여 키를 재고, 통계 처리를 하여 평균 150cm, 표준편차 3이라는 수치를 얻었다면, 이 결과가 전체 모집단의 신장 평균과 정확히 일치할 것으로 기대할 수는 없다. 그 이유는 오차의 개입 때문인데, 이 특정 경우에 오차가 발생할 수 있는 곳은 어디일까?

첫째, 가장 심각한 것으로서 표집 오차가 있을 수 있다.

선발된 900명의 학생이 운 나쁘게도 비교적 키가 큰 학생들로만 모였거나 반대로 키가 작은 학생들로만 구성되었다면 그 결과는 모집단 평균을 과대평가하거나 과소평가하게 될 것이다. 이것이 오차를 발생시키는 한 원인이다. 둘째, 측정의 신뢰도이다. 키를 잴 때 정확하게 재지 못하여 실제보다 큰 또는 작은 측정치를 냄으로써 정확하지 못한 부분이 생길 수도 있다. 셋째, 드물지만 기록의 실수, 기타 예기치 못한 실수로 오류를 범하는 일도 있을 수 있겠다.

이 모든 것들이 오차를 발생하게 하는 원인들이다. 이러한 오차는 여러 가능성을 고려하여 극소화하도록 노력할 수는 있지만 근원적으로 없앨 수는 없다. 그렇다고 하여 오차 때문에 우리가 얻은 측정치에 대한 해석이 불가능해지는 것은 아니다. 그 방법을 찾기 위하여 오차의 특성을 살펴본다.

① 오차의 평균은 그 기대치가 0이다.

오차는 양의 방향으로 작용할 수도 있고 음의 방향으로 작용할 수도 있다. 확률적으로 그 가능성은 동일하기 때문에, 무수히 많은 시행을 되풀이한다면 각 시행에서 있었던 오차는 음의 부분과 양의 부분이 균형을 이룬다고 기대할 수 있다. 따라서 오차의 평균의 기대값은 0이다.

② 오차는 사례수의 역함수이다.

사례수가 커지면 오차는 작아진다. 사례수가 크면 모집

단 평균을 추정하는 일에 우연히 작용할 확률이 작아지고, 개별 사례에 작용하는 오차가 서로 상쇄될 가능성이 커지게 되고, 따라서 그 평균은 모집단 평균에 가까워진다.

③ 오차는 표준편차의 함수이다.

모집단의 표준편차가 크다면 표집한 집단의 평균이 모집단의 평균을 정확하게 반영할 확률이 그만큼 낮아진다. 즉 표준편차가 커질수록 오차는 더 커질 것으로 기대된다. 대부분의 경우 모집단의 표준편차는 알 수 없기 때문에 표집한 집단의 표준편차로써 추정한다. 그 공식은 다음과 같다.

$$SD=\sqrt{\frac{\sum(x-\overline{X})^2}{N-1}}$$

SD : 표준 편차

$\sqrt{\sum(x-\overline{X})^2}$: 편차의 합

N : 사례 수

앞에서 설명한 표준편차를 구하는 공식에는 분모에 N이 있었으나, 이번 경우에는 N-1이 왔음을 눈여겨볼 필요가 있다. 표집한 집단으로 모집단의 표준편차를 추정할 때는 분모에 N-1을 사용한다. 왜 그렇게 하는지 궁금한 독자를 위해 설명을 적는다. 그러나 그 이유를 이해하지 못해도 연구를 수행하는 데 불편이 없으므로 이 설명 부분은 건너뛰어도 무방하다.

먼저 자유도(degree of freedom : df)라는 것에 대해 생

각해 보자. 만일 평균이 7이 되도록 5개의 숫자를 댄다면 우리는 4개까지는 자유롭게 아무 숫자나 말할 수 있다. 그러나 마지막 5번째에 가서는 그렇지 못하다. 그 이유는 평균을 7이 되도록 만드는 숫자가 이미 정해지기 때문이다. 이런 경우에 평균 때문에 자유도 하나를 잃게 되는 것이다. 우리가 어떤 집단으로부터 표집을 통하여 그 집단 전체의 표준편차로부터 모집단의 표준편차를 추정하게 되면 이 경우에도 자유도 하나를 잃게 된다. 그 이유는 이 통계치를 구하는 과정 속에 평균이 포함되기 때문이다. 편차는 평균과 개별 점수와의 차이이다. 따라서 편차의 합은 언제나 0이 되어야 한다. 바로 이 제약 때문에 한 개의 편차는 자유롭지 못하다. 평균 때문에 자유롭지 못한 한 개를 뺀 나머지의 편차는 자유롭게 변할 수 있는 값이다. 따라서 자유도는 N-1 이 된다.

④ 오차는 정상분포의 모양을 갖는다.

오차는 평균이 0인 정상분포의 모양을 나타낸다. 따라서 표집된 집단의 평균은 모집단의 평균과 근접할 확률이 가장 높고, 멀리 떨어질수록 그런 일이 발생할 확률은 낮아진다.

이상의 네 가지가 오차의 특성이다. 이러한 특성에 의해 우리는 표집한 집단에 의해 추정한 모집단 평균에 가능한 오차의 범위를 확률적으로 해석할 수 있다. 앞에서 개인의 점수를 표준편차 단위로 전환하여 전체 집단 내에서의 상대적 위치를 파악할 수 있다는 것을 알았는데, 오차도 정상분포를 하므로 이와 유사한 분석이 가능하다. 이를 위해서 먼저 오차의 표준편차 같은 것을 구해야 할 것이다. 정확한 용어로는 이를 평균의 표준오차(Standard Error of the Mean : SEM)라 한다. 그 산출 공식은 다음과 같다.

$$SEM = \frac{SD}{\sqrt{n}}$$

SEM : 평균의 표준 오차

SD : 표준 편차

n : 사례 수

이 공식에서 위에 설명한 오차의 특성이 반영되어 있음을 우리는 확인할 수 있다. 여기에서 표준편차는 표집의 표준편차이므로 분모에 N-1을 사용한, p89 상단의 공식에 의한 것이다. 이제 앞에서 제시한 예로 돌아가 보자. 사례수 900, 평균 150, 표준편차 3인 표집으로부터 어느 정도의 오차를 기대할 수 있을까? 먼저 평균의 표준오차를 구해야 할 것이다.

$$\begin{aligned} SEM &= \frac{SD}{\sqrt{n}} \\ &= \frac{3}{\sqrt{900}} \\ &= 0.1 \end{aligned}$$

표준오차 0.1cm라는 결과를 얻었다. [그림4]를 보면 평균으로부터 안팎으로 두 표준편차 단위 사이에는 약

95.4%, 세 표준편차 단위 사이에는 약 99.7%의 사례가 위치함을 알 수 있다. 이것은 여기에서 오차가 그 범위 안에 있을 수 있는 확률을 의미한다. 따라서 이 결과를 다음과 같이 해석할 수 있을 것이다.

모집단 평균이 149.8cm부터 150.2cm 사이에 위치할 확률은 95.4%, 149.7cm부터 150.3cm 사이에 위치할 확률은 99.7%이다. 역으로, 모집단 평균이 150cm에서 안팎으로 0.2cm 이상 벗어날 확률은 5% 이하이고, 0.3cm 이상 벗어날 확률은 0.3% 이하이다.

만일 모집단의 평균이 150.3cm보다 큰가라는 질문에 봉착하게 된다면 어떻게 답하여야 할까? 위 결과에 비추어 볼 때 그럴 가능성이 전혀 없는 것은 아니지만, 그 확률이 너무 작고, 반대로 모집단 평균이 150.3cm보다 작을 확률은 매우 크므로, 그렇지 않다고 판단하는 것이 합리적일 것이다.

요약하면, 모집단의 상태를 파악하기 위하여 표집을 할 때 오차가 개입하게 되는데, 오차의 가능한 개입 정도를 사례수와 표준편차를 통하여 확률적으로 파악할 수 있다. 이것이 통계적 검증을 가능하게 하는 기본 지식이다.

이 장에서 설명된 용어의 개념을 이해하고 나면, 우리가 막연한 수치로 알고 있던 데이터들이 실은 많은 의미를 가지고 말을 걸어오고 있었다는 것을 알 수 있을 것이다. 예를 들어, 우리 반 성적의 평균을 알 때 애들이 어느 정도 공부를 잘 하는지 짐작할 수 있다. 그러나 한 걸음 더 나아가 표준편차를 알게 되면, 이들 성적이 고른지, 아니면 제각각인지도 알 수 있다. 그렇다면 이 반 아이들의 상태를 파악하는 데 훨씬 도움이 될 것이다. 이렇게, 분석을 통하여 알 수 있는 귀중한 정보를 우리는 그동안 흘려보냈던 것이다. 이 장에서 소개된 기본 개념을 익혀, 그동안 보지 못했던 현실을 더 많이 볼 수 있는 안목을 갖추기 바란다.

검증의 원리

이 장은 뒤에 나올 변량분석의 절차와 방법을 이해하는데 도움을 주려는 목적에서 쓴 것이다. 여기서 설명하고 있는 t-test는 검증의 비교적 단순한 형태라 할 수 있는데, 현실적으로는 잘 사용되지 않거나, 사용되더라도 잘못 사용되는 경우가 많다. t-test를 남발함으로써 자신도 모르게 유의도 수준을 바겐 세일하는 경우가 그것이다. 대부분의 교육 연구는 다음 장에서 소개될 변량분석을 통해 이루어진다. 다음 장에서는 검증이란 것이 어떤 일이며, 이를 위하여 무엇과 무엇을 비교하는지 확실하게 알면 된다. 이 장에서 설명한 내용은 다음 장에서 되풀이될 것이다.

▌검증의 의미

검증이란 표집에 의해 구해진 집단의 모집단의 특성을

파악하는 것이다. 대표적인 예가 표집된 집단 간의 차이를 보고 전체 모집단에서도 차이가 있을 것으로 일반화할 수 있는가를 판단하는 일이다. 필자가 대학원 학생들에게 이 원리를 설명할 때 학생들의 이해를 돕기 위하여 몇 가지 예를 들어 설명하였는데, 흥미롭게도 학생에 따라 쉽게 이해되는 예가 다르다는 것을 발견했다. 따라서 여기에서도 두 가지 예를 들어 이해를 도우려 한다. 금방 이해가 된 독자는 나머지 예를 읽을 필요 없이 다음 내용으로 건너뛰어도 될 것이다.

방송국 프로듀서가 어떤 사람을 TV 생방송에 출연하게 할 것인가를 결정하고자 한다. 그 사람은 주사위를 던져서 특정 숫자가 남보다 더 많이 나오게 할 수 있는 능력이 있다고 주장한다. 프로듀서는 그에게 주사위를 던져 6이 나오게 해 보라고 하였다. 그 결과 6번을 던져 6이 4번 나왔다.

이 결과를 어떻게 해석할까? 과연 이 사람은 보통 사람과 다른 능력을 가졌다고 볼 수 있을까? 이 경우에 합리적인 생각의 과정은 다음과 같이 될 것이다. 먼저 그 사람의 능력이 보통 사람과 다르지 않다고 가정한다. 그렇다면 6번 시행에서 6이 4번 나온 결과는 우연에 의한 것으로 보아야 한다. 다음으로 그런 우연히 발생할 수 있는 확률을 계산한다. 이 사람의 능력은 보통 사람과 같다고 가정했으므로 한 번 던져서 6이 나올 확률은 6분의 1이다. 보통 사

람이 주사위를 6번 던져서 6이 네 번 나올 확률은

$$\left(\frac{1}{6}\right)^{4} \times \left(\frac{5}{6}\right)^{2} \times {}_{6}C_{4} = 0.008$$

이렇게 구해진 확률을 토대로 처음의 가정을 다시 검토한다. 이 사람이 보통 사람으로서 우연에 의하여 이와 같은 결과를 나타냈을 확률은 0.008이다. 만일 이 사람이 보통 사람이 아닌, 정말로 특별한 능력을 가진 사람이라면 이런 결과를 나타냈을 확률은 훨씬 더 높을 것이다. 그렇다면 이 결과를 어떻게 해석하는 것이 합리적인가? 물론 사람에 따라 사실을 추구하는 취향의 차이가 있을 수는 있다. 또 어떤 사람은 설사 특별한 사람을 보통 사람으로 잘못 판단하는 한이 있더라도 보통 사람을 특별한 사람으로 잘못 판단하는 오류는 원하지 않는 경우도 있겠다. 그렇다면 0.008보다 훨씬 더 엄격한 확률을 필요로 할 수도 있다. 그러나 일반적으로 이 경우에는 최초의 가정을 기각하고, 이 사람이 일반인의 집단에 속하지 않는다고 판단하는 것이 진실일 가능성이 크다. 다른 예를 들어보겠다.

직장 내 성희롱에 관한 모의재판이 열린 상황을 생각해 보자. 원고 측에서는 구체적인 사실을 들어 그것이 성희롱이었음을 입증하려 할 것이고, 피고 측에서는 그 일이 일상생활에서 일어날 수 있는 우연적 사건이었음을 주장할 것이다. 이 경우의 판단은 어떻게 하는가? 실제로 있었던 사실과 일반인들의 직장 생활에서 일어날 수 있는 우연적인 사건의 범위를 놓고 그 비중을 서로 비교하는 일이 될 것이다. 만일 실제로 있었던 행위가 보통 사회에서 우연히 일어날 수도 있는 사건의 범주에서 크게 벗어나지 않는다면 그것은 무죄라 할 것이고, 우연적 사건이라 하기에는 너무나 지나친 선까지 가 있다면 그것은 유죄로 판결하는 것이 상식적이고 합리적이라 할 것이다.

위 두 예는 모두 통계적 검증의 핵심 내용을 담고 있다. 관찰된 내용을 우연 탓으로 돌릴 수 있는 것인지, 아니면 우연 이상의 무엇이 있는 것으로 보아야 하는지를 판단하는 것이 검증이다. 검증의 논리는 특별하고 어려운 것이 아니고, 우리 일상생활에서 통용되는 상식에서 벗어나지 않는다. 위의 예에서 판단을 내리기 위해 공통적으로 거치고 있는 다음과 같은 3단계의 사고 과정이 바로 검증의 원리이다.

① 두 모집단에 차이가 없다는 것을 가정한다.

첫 번째 예에서는 검토의 대상이 된 사람이 주사위를 던지는 능력에 있어서 일반인과 차이가 없다는 가정으로부터 출발했다. 둘째 예에서도 피고는 일단 그 행위의 범주에 있어서 일반인과 다르지 않다는 데에서 출발하였다. 이렇게 차이가 없음을 가정하는 이유는 그렇게 함으로써 우연히 작용할 수 있는 규모를 추정할 수 있기 때문이다. 이러한, 두 모집단 사이에 차이가 없다, 즉 차이가 0이라는, 잠정적인 판단을 영가설(null hypothesis)이라 한다. 영가설이 부정되면 차이가 있다는 판단이 채택되겠는데, 이러한 판단이 확인되기 전까지 이를 대립가설(rival hypothesis)이라 한다.

② 관찰된 차이의 정도와 우연성이 작용할 수 있는 정도를 비교한다.

주사위의 예에서는 관찰된 내용이 우연히 발생할 수 있는 확률이 계산될 수 있었다. 통계적 검증에서도 오차의 특성을 이용하여 관찰된 내용과 우연히 작용할 수 있는 정도를 수량적으로 비교하는 것이 가능하다. 두 번째 예에서는 수량적인 비교가 아닌 질적 비교에 의존하는 것이므로 통계적 수단이 적용될 수 있는 것은 아니지만, 개념적인 유사성을 발견할 수 있으리라고 본다.

③ 우연에 의해 나타날 수 있는 정도보다 관찰된 차이가 더 큰 비중을 갖는다면 최초의 가정을 기각하고 차이가 있다는 대안(對案)을 수용한다.

최초에 차이가 없다는 것을 가정하는 것은 우연에 의해 나타날 수 있는 범위를 계산하기 위한 방편이고, 어쩌면 이 가정은 기각되기 위해 설정된 것일 수도 있다. 관찰된 차이가 납득할 만한 우연의 범주에서 크게 벗어날 정도로 큰데도 불구하고 처음의 가정을 그대로 수용한다면 그것은 발생 확률이 극히 작은 일이 나타난 것으로 해석하는 것이다. 이보다는 두 모집단이 다르기 때문에, 발생 확률이 높은 일이 일어난 것으로 판단하는 것이 더 합리적이다. 여기서 남은 문제는 우연에 의해서 이러한 차이가 발생할 확률이 얼마나 작아야 차이가 없다는 최초의 가정을 포기하느냐이다. 그것은 상황에 따라 연구자가 정하는 일이지만, 일반적으로 교육 연구에서는 0.05를 경계선으로 정하는 경우가 가장 많다.

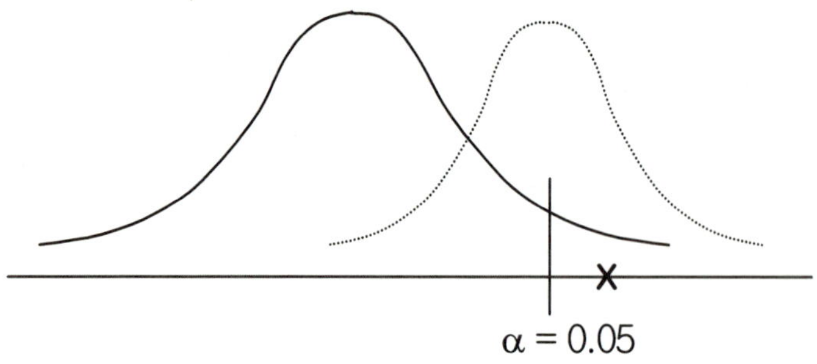

[그림9] 확률분포와 유의도 수준

위 [그림 9]에서 x축 상에 ×로 표시된 점은 비교하고자 하는 모집단 사이에 차이가 없다고 가정하였을 때 표집에 의해 관찰된 차이가 나타내고 있는 위치이다. 실선으로 나타난 곡선은 모집단 사이에 차이가 없다고 가정할 때 표집에 의해 관찰된 차이가 나타날 수 있는 확률 분포이다. x축에 수직으로 나타난 직선은 확률 0.05를 나타내는 경계선이다. 이 경계선을 넘어 오른쪽으로 갈수록 확률은 0.05보다 작아진다. 즉, 관찰된 차이가 경계선 오른쪽에 떨어진다는 것은 실제로 모집단에 차이가 없는데 우연에 의해 이런 결과가 나타났을 확률이 5%보다 작다는 것을 의미한다. 점선으로 나타난 곡선은 대안적 확률 분포로, 모집단 간 차이가 있을 때 생길 수 있는 확률 분포이다. 이 그림에서 보듯, 같은 x축 위의 한 점이라도 경계선을 넘어 있는 점이라면 실선 분포에 속한 점이라고 보기보다는 점선에 속한 점이라고 보는 것이 더 확률적으로 타당하다. 따라서 집단 간 차이가 없다는 최초의 가설을 포기하고, 차이가 있다는 대안 가설을 받아들인다. 관찰된 차이가 5% 이하의 우연에 의해서 설명된다면, 그 차이는 같은 집단 사이에서 나타난 것이 아니라, 다른 집단이기 때문에 나타난 것으로 판단하는 것이다. 그 경계선, 이 예에서는 0.05라는 수치를 유의도 수준 또는 결정계수 알파라고 하며, α로 표기한다.

▌t-test

이제 최초의 문제로 돌아가서 X라는 프로그램이 전통적 방법보다 더 학습 효과가 있는지를 검증하는 방법을 생각해보자. 앞에서 검토한 것처럼 이 경우에 강력한 설계는 두 집단을 무선으로 설정하고, 한 집단은 X 프로그램으로 학습하게 하고, 다른 집단은 전통적인 방법으로 학습하게 하여 두 집단의 성취도 평균을 비교하는 것이다. 물론 두 집단 사이에 나타나는 평균의 차이는 우연히 발생한 오차에 기인할 수도 있고 또 X의 처치효과에 의한 것일 수도 있다. 이를 검증하는 방법이 t-test이다. t-test는 두 집단 사이에 나타난 평균의 차이가 통계적으로 유의미한가를 검증하는 방법이다. 여기서 통계적으로 유의미하다는 말은 두 집단의 모집단 평균이 서로 다르다는 말이며, 이는 곧 처치효과가 있다는 것을 의미할 것이다.

실험을 통하여 얻어진 데이터를 처리하기 위해 먼저 두 집단의 모집단 사이에 차이가 없다는 것을 가정한다. 즉, 영가설을 설정한다. 다음으로 이러한 가정 하에서, 표집한 두 집단의 평균의 차이가 갖는 표준오차를 추정하여 실제로 관찰된 차이와의 비율을 구한다. 그 값을 t 값이라 하며 t 값에 의해 그 값이 오차분포의 어디에 위치하는지를 본다. 그 확률이 연구자가 정한 유의도 수준(예 ; α = 0.05) 보다 낮으면(예 ; p=0.031) 처음의 영가설을 기각하고 차이가 있다고 판단한다. 그 반대의 경우 처음의 영가설을 받아들여 차이가 없다고 판단한다. 물론 그렇게 되면 처치효과가 없다는 것을 의미할 것이다.

t 값이란 앞에서 설명한 것과 같이 두 집단 사이에 관찰된 평균의 차이를 오차 단위로 나눈 값이다.

$$t = \frac{\text{평균차}}{\text{오차부분}}$$

여기서 오차 부분이란 두 집단의 평균차가 가질 수 있는 오차의 표준편차, 즉 두 집단의 평균 차의 표준오차를 말한다. 이 값은 다음의 공식에 의해 계산된다.

$$S_{\overline{x_1}-\overline{x_2}}=\sqrt{\frac{\sum x_1{}^2+\sum x_2{}^2}{n_1+n_2-2}\left(\frac{1}{n_1}+\frac{1}{n_2}\right)}$$

$S_{\overline{x_1}-\overline{x_2}}$: 두 집단의 평균차의 표준오차

n_1 : 집단 1의 사례 수

n_2 : 집단 2의 사례 수

$\sum x_1{}^2$: 집단 1의 편차의 제곱

$=\sum(\overline{X_1}-X)^2$

$\sum x_2{}^2$: 집단 2의 편차의 제곱

$=\sum(\overline{X_2}-X)^2$

이 공식은 한 표집 집단의 표준오차를 추정하는 공식과 유사성이 있으므로 그다지 낯설지 않을 것이다. 결국 t 값은 다음과 같이 계산된다.

$$t=\frac{\overline{X_1}-\overline{X_2}}{\sqrt{\frac{\sum x_1{}^2+\sum x_2{}^2}{(n_1+n_2-2)}\left(\frac{1}{n_1}+\frac{1}{n_2}\right)}}$$

$\overline{X_1}-\overline{X_2}$: 두 집단의 평균차

t 값이 커지면 커질수록 두 집단의 평균차를 단지 우연에 의하여 발생한 것으로 볼 수 있는 가능성은 작아진다. 즉, 두 모집단의 평균이 같은데 우연히 이러한 차이가 나

타날 수 있는 확률 p는 낮아진다. 그 확률은 t 값과 자유도에 의해 결정된다. 물론 두 개의 평균 때문에 두 개의 자유도를 잃기 때문에 자유도는 두 집단의 사례수의 합에서 2를 뺀 수치이다. 대부분의 통계 책에서는 t 값과 자유도에 따른 확률을 부록에 붙여 주고 있으나, 오늘날과 같은 세상에서 이런 일은 당연히 컴퓨터에 맡길 일이다.

여기서 t-test의 이모저모를 다시 살펴보기로 하자. t 값을 구하는 공식을 암기하는 것은 불필요하나, 그것이 무엇으로 구성되며, 그 결과를 어떻게 해석하는지를 이해하는 것은 매우 중요하다. 검증이란 기본적으로 관찰된 차이를 오차의 단위로 나누어 보는 일이다. t-test에서도 물론 예외가 아니다. 오차는 개별 점수가 분포된 상태와 자유도에 의해서 추정할 수 있다. 평균의 차이를 오차 부분으로 나눔으로써 구해진 t 값은 곧 확률로 변환되어 판단을 가능하게 한다.

영가설을 기각할 가능성(이를 검증력, 또는 power라 한다)을 높기 위해서는 어떤 조건이 필요한지 생각해 보자. 첫째, 두 집단의 평균의 차이가 커지면 어떻게 될까? 위의 공식에 의하면 이것은 분자의 값이 커지는 것이므로 t 값을 높이는 결과가 되어 영가설 기각 가능성을 높일 것이다. 사례수 또는 자유도가 커지면 이 또한 분모 부분을 작게 하므로 검증력을 크게 한다. 집단의 표준편차가 크다면, 이것은 분모 부분을 크게 하는데 기여하므로 검증력은 떨어질 것이다. 또한 유의도 수준을 0.05에서 0.1로 크게 잡으면 검증력은 커진다. 그러나 이것은 두 집단이 실지로 같은데 다르다고 판단하는 오류 가능성(이를 1종 오류라 한다)을 또한 높일 것이므로 권장할 만한 일이 못 된다.

다음으로 학위 논문을 작성하는 학생들이 자주 범하는 실수를 중심으로 t-test 결과를 해석할 때 주의해야 할 점을 소개한다.

① 평균의 차를 절대적인 수치로 해석할 수 없다.

두 집단의 점수의 평균차가 5점으로 나타났고 유의도 수준 0.05에서 t-test 결과 영가설을 기각하였을 때 이를 해석하는 방법은 다음과 같다.

두 집단의 모집단 평균이 실지로는 같은데 우연에 의해 이러한 결과가 나타났을 확률은 5% 이하이다.

다음과 같은 해석은 모두 틀리므로 주의를 요한다.

- 두 모집단의 점수 차가 5점일 확률은 95% 이상이다.
- 이 실험을 무수히 되풀이할 때 같은 결과가 나타날 확률은 95% 이상이다.
- 이 결과는 95% 이상 정확하다.
- 이 결과가 틀릴 확률은 5% 이하이다.
- 이 두 집단은 다르다. (이 결과는 모집단이 다르다는 것을 말해 주는 것이다.)

② t값과 자유도에 의해 결정된 p값에 절대적인 의미를 부여할 수 없다.

통계 분석의 경험이 적은 연구자들일수록 p값이 유의도 수준보다 큰 차이로 작게 나오면 흥분하는 경향이 있다. 예를 들어 $\alpha = 0.05$에서 $p = 0.04$ 정도일 때는 유의미한 차이가 있다고 해석하다가 $p = 0.004$의 값이 나타나면 매우 유의미한, 퍽 의미 있는 등의 수사를 곁들이는 것이다. 또 이것을 강력한 처치효과가 나타난 것으로 해석하기도 한다. 그러나 이 결과도 오차의 전개 범위에서 우연히 나타난 것임을 잊어서는 안 된다. 우연에 의해서 더 큰 p값이 나타났을 가능성도 얼마든지 있었던 것이다. 다만 그 가능성은 설정된 유의도 수준보다 작으므로 영가설을 기각할 수 있다고 해석하는 것에 그치는 것이 정확하다. 또 낮은 p값이 나타난 것이 강력한 처치효과 때문인 것으로만 볼 수 있는 근거도 없다. 앞에서 설명했듯이 그것은 사례수가 많을 때 나타날 수도 있고, 두 집단의 표준편차가 작을 때 나타날 수도 있는 일이기 때문이다. 여기에 대해서는 다시 설명할 것이다.

③ 모집단의 평균값을 가졌을 때 t-test는 불필요하다.

모집단의 평균을 가진 경우에도 이것을 t-test로 처리하는 것을 종종 보게 된다. 예를 들어 A대학과 B대학의 농구팀의 평균 신장을 조사하고 그 차이를 검증하는 이들이 있는데, 그것은 검증의 목적과 기능에 대한 이해가 전혀 없다는 인상을 줄뿐이다. 이 경우는 모집단의 수치를 직접 가지고 있기 때문에 평균의 비교로 족한 것이다.

④ 검증의 남용은 러시안 룰렛처럼 위험하다.

검증은 유의도 수준에서 정해진 확률을 믿고 진위를 판단하는 확률의 게임이다. 확률의 크기는 다르지만 그 본질은 러시안 룰렛과 흡사한 점이 있다. 러시안 룰렛은 두 사람이 테이블에 앉아 한 사람이 죽을 때까지 교대로 자기 머리에 총구를 대고 방아쇠를 당기는 게임이다. 탄창에는 6개 중 한 개의 약실에 총알이 장전되어 있다. 따라서 방아쇠를 당기는 사람은 6분의 1의 위험 부담을 갖는다. 역으로 6분의 5만큼의 안전성은 있다고 할 수 있다. 그러나 시행 횟수가 2회, 3회, 4회로 점차 늘어난다면 죽지 않는 것이 오히려 이상하다고 해야 할 것이다. 검증도 이와 마찬가지이다. 검증에 의한 판단이 유의도 수준만큼의 위험부담(오류 가능성)을 갖고 있다는 것은 잘 알려진 사실이다. 그런데, 두 번의 검증에 의하여 두 가지 판단을 동시에 한다면, 또는 세 가지, 네 가지 판단을 동시에 한다면 오류를 범할 위험부담은 유의도 수준보다 점점 더 커진다. 연구자들 중에는 이런 사실을 인식하지 못하는 이가 많다. 예를 들어 유의도 수준 0.05에서 세 집단의 평균을 비교할 때 태연히 세 번의 t-test를 실시하여 A는 B보다 크고 B는 C보다 크다는 식으로 판단을 내리는 경우를 흔히 볼 수 있다. 그러나 이러한 판단은 애초의 유의도 수준 0.05에서 내려진 판단이 아니고 이보다 훨씬 큰 수치의 유의도 수준에서 내려진 판단이 되어 버린다. 따라서 이렇게 되면 실제로 차이가 없는데도 불구하고 차이가 있는 것으로 판단할 오류(1종 오류)의 가능성이 높아지게 되는 것이다.

지금까지 무작위 할당, 통제집단을 둔 사후 검사 설계 및 이 설계에 의한 실험 데이터 처리 방법을 설명하였다. 그 과정에서 몇 가지 중요한 개념들을 설명하였는데 이를 이해하면 검증의 기본적 원리를 거의 다 이해한 것이라 하여도 과언이 아니다. 교육 연구에서는 이보다 더 복잡한 통계 처리를 필요로 하는 경우도 많지만, 검증의 원리는 언제나 같으므로 독자들은 큰 어려움 없이 대처할 수 있을 것으로 생각한다.

사족이지만 한 번 더 이야기한다. 검증이란 관찰된 평균의 차이가 우연히 그렇게 나타난 것으로 볼 수 있는 정도를 지나치느냐 아니냐를 판단하는 것이다. 그 판단은 확률로 나타나는데, 그 확률이 작은 것이라면 이 일은 우연히 아니라 진짜 차이가 있는 것으로 결론을 내리는 것이다.

이제 검증을 위한 실험이란 것의 의미가 어느 정도 이해되었을 것이다. 다음 장에서는 구체적으로 이 일을 어떻게 수행하는지 소개할 것이다. 중요한 것은 얼핏 보이지 않는 오류, 또는 잘못된 해석의 가능성을 배제하는 일이니, 그 점에 관심을 가지고 보아주기 바란다.

된장찌개와 영어

된장찌개를 맛있게 끓이는 법을 우연히 발견했다. 그릇에 어떤 내용물을 넣느냐는 취향의 문제이나, 기본적으로 된장찌개의 맛을 제대로 내기 위해서는 어느 정도의 끓는 시간이 지켜져야 한다는 점을 알아낸 것이다. 처음에 된장찌개 끓이는 법을 배울 때나는 뚝배기에 넣을 재료와 그 분량만을 중요하게 생각하여 노트에 적어 넣었다. 그리고 그것을 충실히 지킨 습작들을 만들어냈다. 그러나 그 결과는 일정치 않았다. 어떤 때는 제대로 된 맛이었으나, 어떤 때는 텁텁하고 재료들이 조화를 잃은 느낌이었다.

여러 차례의 시행착오 후, 나는 넣는 재료의 분량을 줄여 뚝배기 안에 공간을 마련하였다. 뜻밖에도 이것이 맛있는 된장찌개를 만들기 위한 첫 번째 포인트였다. 뚝배기가 가득 차 있으면 찌개가 쉽게 끓어 넘쳐서 충분한 시간 동안 끓게 하기 어렵기 때문이다. 두 번째 포인트는 찌개가 끓기 시작할 때 불을 끄지 않고 어느 정도 끓는 상태를 지속시켜야 한다는 것이다. 내 경우에는 약 25분이 경과되었을 때 찌개가 맛을 내기 시작하였다. 된장찌개는 식은 후 다시 끓여도 맛이 있지만 무한정 오래 끓일수록 좋은 것은 분명 아니다.

나의 된장찌개는 이제 어느 정도 품격을 갖추었다고 자부한다. 그러나 그것이 누구에게나 인정받을 것이라고 생각하는 것은 잘못이다.

그것을 맛보는 개인의 취향이 다르기 때문이다. 나는 고추와 고춧가루를 넣어 매운 맛을 강조하는 편이지만, 자극적인 재료를 넣지 않고 깊이 있는 맛을 좋아하는 사람도 많다. 이들이 잘못된 입맛을 가지고 있다고 우긴다면 그건 어리석은 일일 것이다. 왜냐하면 그것은 먹는 사람에 따른 것이지, 절대적이고 객관적인 맛의 기준이 존재하는 것은 아니기 때문이다.

다소 엉뚱하게 보일지 모르지만, 나는 된장찌개에 관한 이 일련의 생각이 영어 공부와 유사한 점이 있다고 생각한다. 내가 된장찌개의 내용물을 이곳저곳에서 베껴 적음으로써 맛있는 된장찌개를 얻고자 했듯이, 사람들은 영어 공부에 있어서 표면적인 것에만 치중하고 경험의 내적 숙성을 무시하는 경향이 있다. 영어 능력 중 특히 사람들에게 깊은 인상을 주는 것은 여러 사람 앞에서 큰 소리로 빠다 냄새 물씬 나는 발음에 빠른 영어를 구사하는 것이다. 그러나 그게 그렇게 중요한 것일까? 영어 실력이란 궁극적으로 특정한 사람에게 영향을 미치거나 감동시킬 수 있는 능력이라 할 수 있다. 그저 많은 말을 빠르고 매끄럽게 내뱉는 능력은 심각한 경쟁과 협력의 장면에서는 아무 가치가 없다. 또한 가지, 된장찌개가 그렇듯이, 내가 상대하는 대상이 누구냐에 따라 내 영어는 효과적일 수도, 그렇지 않을 수도 있다. 그렇게 본다면, 영어 실력이란 현금처럼 절대적으로 객관적인 가치가 아니라, 그것이 사용되는 상황에 영향을 받는 그 무엇이다.

영어 공부와 관련하여, 된장찌개로부터 얻을 수 있는 교훈은 이런 것 같다. 첫째, 영어 실력 향상을 위하여 내용, 또는 경험도 중요하지만, 이를 자기 것으로 만들 수 있는 내면화 과정이 더 중요하다. 이것은 경험이라는 내용물이 내 의식이라는 뚝배기 안에서 서로 조화하고 활성화되는 과정이다. 둘째, 이런 일이 잘 일어나도록 돕기 위해, 아이의 인생을 너무 많은 경험으로 채우려는 욕심을 자제하고 뚝배기에 공간을 부여하는 노력을 하는 것이 바람직하다. 셋째, 영어 실력은 그 자체가 목적이라기보다는 수단의 의미가 강하므로, 이를 가지고 누가 누구보다 위니 밑이니 따위의 이야기는 하지 않는 것이 낫다.

어느 유명한 프로 포커 선수가 이런 말을 했다. "포커에서 중요한 것은 상대가 내 패를 어떻게 보는가 하는 것이다. 내 패가 실제로 무엇인가는 중요하지 않다"라고. 이 인상 깊은 가르침이 우리나라의 교육, 입시, 취업에까지 적용되고 있는 것이 아닌가 우려된다. 된장찌개를 보며 참 이런 생각까지 하였다.

변량분석

앞에서 설명했던 t-test는 두 집단을 비교하는 방법이었다. 그러나 교육 연구의 실제를 보면 세 집단 이상을 비교하여야 하는 경우가 많다. 예를 들어 세 가지 프로그램의 효과를 서로 비교하여 볼 필요가 있을 때, 우리는 세 집단의 점수를 비교하는 통계처리 방법을 필요로 한다. 또 새로 개발된 학습 능력 향상 장치의 효과를 검증하고자 할 때 플라시보 효과가 의심스러울 수도 있다. 그렇다면 실험집단과 비교집단 외에 플라시보(가짜 장치)를 제공하는 한 집단을 더 두어야 할 것이다. 물론 이러한 경우 세 번의 t-test로 처리해서는 안 된다는 것은 앞에서 설명한 바 있다. 이러한, 세 개 이상의 집단의 평균을 비교할 수 있는 방법이 변량분석이다. 변량분석은 ANOVA(Analysis of Variance), 또는 F 검증이라고 한다. 이것은 t-test를 일반화한 분석 방법으로서, t-test보다 훨씬 더 강력하고 유용한 분석 방법이라 할 수 있다. 물론 변량분석에 의해 두 집단을 비교하는 것도 가능하다. 이 때 t-test는 변량분석의 특수한 한 형태가 된다. 그렇다면 t-test의 설명을 생략하고 바로 변량분석으로 들어갔어도 되었을 텐데 그렇게 하지 않은 이유는 t-test가 비교적 단순하여 이것으로 설명할 때 여러 통계적 개념들이 보다 쉽게 이해될 수 있기 때문이었다.

변량분석은 검증의 구체적인 예라 할 수 있다. 교육 연구의 검증 방법으로서 이 변량분석이 가장 많이 사용된다. 이 장에서 소개된 여러 형태의 변량분석은 (공변량분석까지 포함해서) 실제 교육 연구에 바로 적용할 수 있을 것이다. 이보다 더 복잡한 형태의 분석이 필요할 수도 있겠지만, 그것은 아주 특수한 경우에 한해서다. 그런 경우, 그 방법이 잘못 적용되는 경우가 잘 되는 경우가 훨씬 많다. 만일 다른 분석을 사용할 필요가 있다고 느끼면 과연 그 이유가 타당한지 숙고해 보아야 할 것이며, 분석 방법과 해석에 대해 전문가와 충분히 상의할 것을 권한다.

변량분석의 논리

변량분석도 앞의 t-test의 경우와 마찬가지로 비교하는 집단의 모집단 평균에 차이가 없다는 가정으로부터 출발한다. 이를 수식으로 표현하면 다음과 같다.

$$H_0 : \mu_1 = \mu_2 = \mu_3 = \cdot\cdot\cdot\cdot$$

즉, 변량분석에서 영가설이란 분석에 투입된 모든 집단의 모집단 평균이 다 같다는 의미이다. 실험 설계에서 이 가설은 어떤 처치효과도 나타나지 않는다는 것을 의미한다. 만일 이러한 영가설이 부정된다면 그것은 모든 집단의 모집단 평균이 다 같지는 않다. 즉, 적어도 한 집단의 모집단 평균은 나머지와 다르다는 의미이다. 그것은 어떤 형태이든 처치효과가 있다는 것을 의미한다.

차이가 없다는 가설이 설정된 다음에는 검증의 원리에 따라, 차이가 없는 상태에서 관찰된 평균의 차이가 오차 단위보다 심각하게 더 큰가, 다시 말해서 모집단이 서로 같은데 이러한 차이가 나타난 것은 대단한 우연으로만 설명되는가를 확인하는 절차를 거쳐야 한다. 그 후에 작업은 그 차이가 우연으로 설명될 수 있는 확률을 구하고 미리 설정한 유의도 수준과 비교하여 영가설은 수용할 것인지 기각할 것인지를 판단하는 일이다. 이 중 변량분석의 핵심 작업도 역시 두 번째 과정인 모집단이 모두 같은데 관할된 차이가 우연에 의해 나타날 수 있는 확률을 구하는 일이다. 앞서 살펴보았듯이 확률은 관찰된 차이와 오차를 비교함으로써 구할 수 있다. 그 비교한 값을 F값이라 하는데 F값을 구해 나가는 논리적 전개 방식을 지금부터 설명하고자 한다.

$$F = \frac{\text{관찰된 차이}}{\text{오차}}$$

여기서 관찰된 차이란 무엇으로 구성되어 있는가 생각해 보자. 가장 먼저 생각할 수 있는 것이 오차이다. 오차는 표집의 과정에서 운 나쁘게(또는 우연히) 특정 집단에서 점수가 특별히 높거나 낮은 사례가 몰려서 생기는 경우도 있을 수 있고, 특정 도구의 결함이나 기타 실험적 오류에서 나올 수도 있다. 이러한 오차 이외에 집단 간의 차이를 나타낼 수 있는 것이 있다면 그것은 처치효과일 것이다. 따라서 관찰된 차이란 오차와 아직 확인되지 않은 처치 효과로 구성된다. 즉,

$$F = \frac{\text{오차} + \text{처치효과}}{\text{오차}}$$

만일 처치효과가 0에 가깝다면 F값은 오차를 나눈 값, 즉 1에 가깝게 나타날 것이다. 만일 F값이 상당히 크면 그것은 분명 처치효과가 존재한다는 것을 의미할 것이다. 이것이 변량분석의 기본적인 논리이다.

▌관찰된 차이와 오차의 구성

관찰된 차이는 물론 집단 간의 평균 차에서 추정할 수 있고, 오차는 집단 내의 분포(동질성이나 이질성의 정도)에 의해 추정한다. 앞서 t-test에서 오차를 표준 편차에 의해 추정한 것과 달리 변량분석에서는 분산에 의해 추정한다. 그래서 변량 분석을 분산분석이라고도 한다. 분산은 표준 편차의 제곱이다. 따라서 두 집단을 대상으로 한 변량분석에서 F값은 t-test에 의해 구한 t값의 제곱이 된다.

$$F = t^2$$

정리하면, F값이라는 것은 집단 간 분산과 집단 내 분산의 비교를 통해 나온다.

$$F : \frac{\text{집단내 분산}}{\text{집단간 분산}}$$

위 식에서 F 다음에 등식표시를 하지 않은 이유는 집단 간 분산과 집단 내 분산을 그대로 나누어서는 안 되고 실제 계산에서는 각각을 자유도로 나눈 평균적 분산값을 사용하여 나누어 주기 때문이다.

그것은 조금 후에 설명하겠다. 어쨌든 변량분석의 F값은 개념적으로 집단 간 분산과 집단 내 분산의 비율로 나타낸다는 것을 염두에 두고 분석의 모형에 대해 설명하겠다. 분석의 모형이라는 것은 변량분석에서 각 개별 점수가 어떻게 해석되고 무엇을 분석하는가에 대한 예시이다.

$$S = \mu + \alpha + \varepsilon$$

S : 개별 점수

μ : 전체 집단 평균

α : 처치 효과

ε : 오차

이것은 개별 점수가 전체 평균으로 설명되는 부분과 처치효과에 의해 설명되는 부분과 우연에 의한 오차로 설명되는 부분으로 나누어 볼 수 있다는 것을 표현한다. 과연 전체 데이터가 이 모델에서 상정한 것과 일치하는지를 알아보는 것이 분석의 과정이다. 즉, 변량분석을 다른 각도에서 해석해 보면 개별점수를 설명함에 있어서 처치효과가 통계적으로 의미 있는지 검증하는 과정이라 할 수 있다.

그런데 위 모형에서 데이터 분석에 의해 처치효과를 직접적으로 알아낼 방법이 없으므로 다음과 같은 우회적 방법을 사용한다. 바로 집단 간 점수 평균의 차이를 사용하는 것인데 이것은 처치효과만이 아니라 오차도 함께 포함하고 있으므로 오차와의 비율을 구하는 작업을 통해 처치 효과를 판별하는 것이다.

$$S = \mu + BD + WD$$

S : 개별 점수
μ : 전체 평균
BD : 집단 간 차이(Between-group Difference)
WD : 집단 내 차이(Within-group Difference)

여기서 집단 간 차이라는 것은 개별 사례가 속한 집단 평균과 전체 평균과의 차이를 말하는 것이다. 집단 내 차이란 개별 점수와 그 집단의 평균의 차이이다. 이것은 각 점수를 전체의 평균과 집단 간 차이로 설명하고 남는 부분을 말한다. 즉 오차 부분이 된다.

집단 간 분산이란 집단 간 차이를 제곱하여 모두 더한 값이고 집단 내 분산이란 집단 내 차이를 제곱하여 모두 더한 값이다. F값은 정확하게 표현하여 이 두 분산값을 자유도로 나누어 서로 비교하는 것이다. 분산값을 자유도로 나눈 것을 자승화 또는 MS(Mean Square)라 한다.

$$F = \frac{MS_B}{MS_W}$$

MS_W : 집단 내 분산의 자승화

MS_B : 집단 간 분산의 자승화

이제 남은 문제는 자유도를 구하는 일이다. 집단 간 분산의 자유도는 집단 수에서 전체 평균으로 인해 한 개를 잃기 때문에 집단수 - 1 이 된다.

df_B = 집단수 - 1

집단 내 분산의 자유도는 각 집단마다 그 평균으로 인하여 자유도를 하나씩 잃기 때문에 각 집단의 사례수에서 1을 뺀 값에 집단수를 곱한 것이 된다.

df_W = 집단수 × (각 집단 사례수 - 1)

변량 분석의 F값을 구하는 과정을 예를 통해 다시 한 번 확인해 보자. 다음과 같은 점수를 갖는 세 집단이 있다고 하자.

집단 1	집단 2	집단 3
16	12	5
17	8	11
9	3	4
14	6	8
19	11	7

집단 1의 평균은 15, 집단 2는 8, 집단 3의 평균은 7이다. 전체 평균은 10이다. 그렇다면 각 점수를 전체 평균과 집단 간 차이와 집단 내 차이로 설명되는 부분으로 나누어 볼 수 있다. 이를 다음의 표로 정리하였다.

사례	집단	점수	= 전체 평균	+ 집단 간 차이 $(\overline{X}-\mu)$	+ 집단 내 차이 $(X-\overline{X})$
1	1	16	10	15-10=5	16-15 = 1
2	1	17	10	5	17-15 = 2
3	1	9	10	5	9-15 =-6
4	1	14	10	5	14-15 =-1
5	1	19	10	5	19-15 = 4
6	2	12	10	8-10=-2	12- 8 = 4
7	2	8	10	-2	8- 8 = 0
8	2	3	10	-2	3- 8 =-5
9	2	6	10	-2	6- 8 =-2
10	2	11	10	-2	11- 8 = 3
11	3	5	10	7-3=-3	5- 7 =-2
12	3	11	10	-3	11- 7 = 4
13	3	4	10	-3	4- 7 =-3
14	3	8	10	-3	8- 7 = 1
15	3	7	10	-3	7- 7 = 0

변량분석을 위해 각 점수를 어떤 부분과 어떤 부분으로 나누어 분석하는지를 보여 주는 예이다. 이를 조금 더 설

명하기 위해 사례 1의 경우를 예로 든다. 사례 1은 1 집단에 속한 16이라는 점수이다. 이 점수를 단순한 하나의 숫자로 보는 것은 의미가 없고 이것을 설명하는 몇 개의 부분으로 나누어 볼 때 전체적으로 통계적인 의미가 생기는 것이다. 먼저 전체 사례의 평균은 10이다. 16이란 개별 점수는 전체 평균이 설명하는 부분 10보다 6만큼 더 크다. 그렇다면 그것은 무엇으로 설명되는가? 아마도 사례 1이 속한 집단의 효과(처치효과와 오차)로 설명될 수 있을 것이다. 집단의 효과라면 집단 1의 평균인 15와 전체 평균인 10과의 차이, 즉 5만큼의 집단의 효과가 설명하고, 또 집단 내에서의 차이, 즉 사례 1의 점수와 집단 평균과의 차이인 오차 부분에 의해 설명될 수 있다. 즉,

점수 = 전체 평균 + 집단 간 차이 + 집단 내 차이

또는,

점수 = 전체 평균 + (집단의 평균-전체 평균) + (점수-집단 평균)

으로 설명된다. 사례 1의 경우는

$$16 = 10 + (15 - 10) + (16 - 15)$$

가 되는 것이다. F값을 구하려면 집단 간 차이의 분산과 집단 내 차이의 분산을 구하여야 하는데 그것은 모든 사례의 집단 간 차이 부분을 제곱하여 더하고 또 집단 내 차이 부분을 제곱하여 더하는 과정이다. 즉 집단 간 차이의 분

산은,

$$(5)^2+(5)^2+(5)^2+(5)^2+(5)^2$$
$$+(-2)^2+(-2)^2+(-2)^2+(-2)^2+(-2)^2$$
$$+(-3)^2+(-3)^2+(-3)^2+(-3)^2+(-3)^2$$
$$=190$$

집단 내 차이의 분산은,

$$(1)^2+(2)^2+(-6)^2+(-1)^2+(4)^2$$
$$+(4)^2+(0)^2+(-5)^2+(-2)^2+(3)^2$$
$$+(4)^2+(-3)^2+(1)^2+(0)^2$$
$$=142$$

가 된다.

최종적인 F값은 집단 간 분산의 자승화를 집단 내 분산의 자승화로 나눈 값이다. 자승화는 분산을 자유도로 나눈 값이다. 집단 간 분산의 자유도는 세 집단에 전체 평균에 의해 자유도 한 개가 빠져서 2가 될 것이다.

$$df_B = \text{집단 수} - 1$$
$$= 3 - 1$$
$$= 2$$

집단 내 분산의 자유도는 전체 사례수 15에서 각 집단의 평균에 의해 자유도 1개씩을 잃기 때문에 결국 3개의 자유도를 잃어 그 값은 12가 된다.

$$
\begin{aligned}
df_w &= \text{집단 수} \times (\text{각 집단의 사례수} - 1) \\
&= 3 \times (5 - 1) \\
&= 12
\end{aligned}
$$

그렇다면 집단 간 분산의 자승화는

$$
\begin{aligned}
MS_B &= \frac{\text{집단간분산}}{df_b} \\
&= \frac{190}{2} \\
&= 95
\end{aligned}
$$

집단 내 분산의 자승화는

$$
\begin{aligned}
MS_W &= \frac{\text{집단내분산}}{df_W} \\
&= \frac{142}{12} \\
&= 11.833
\end{aligned}
$$

따라서 F값은

$$
\begin{aligned}
F &= \frac{MS_B}{MS_W} \\
&= \frac{95}{11.833} \\
&= 8.028
\end{aligned}
$$

로 나타난다. 자유도와 F값을 고려해 컴퓨터가 이를 확률로 전환한 값은 0.006이었다.

$$p = 0.006$$

이것은 교육 연구에서 통상적으로 사용하는 유의도 수준 0.05보다 작은 값이므로 세 집단의 모집단 평균이 다 같다는 영가설을 기각할 수 있다. 이 계산 과정을 예시한 것은 독자들이 변량분석의 개념과 과정을 이해할 수 있도록 돕자는 데 목적이 있는 것이지 계산 과정을 암기하게 하려는 의도는 없었다. 이러한 변량분석을 실제로 수행하는 작업은 컴퓨터를 통하여 하게 되는데, 그 결과는 일반적으로 다음과 같은 형태로 정리되어 나온다.

Analysis of Variance

Source	Sum of Squares	df	Mean Square	F	P
Between Groups 0.006	190	2	95.000	8,028	
Within Groups	142	12	12.833		

여기서 Sum of Squares는 우리 말 용어로 자승합(自乘合)이라고 하며 집단 간 분산과 집단 내 분산 두 가지의 자승합을 말하는 것이다. Mean Square는 자승화(自乘和)라 하며 자승합을 df로 나눈 값이다. 앞에서 설명한 것과 같이, 집단 간 분산의 자승화를 집단 내 분산의 자승화로 나눈 값이 F

이다.

이 과정을 참조하여 변량분석의 검증력(power)을 높이기 위한 방법을 모색한다면, 자유도에 관하여 주의를 기울일 필요가 있다. 자유도에는 집단의 자유도와 집단 내 사례의 자유도가 있다. 집단의 자유도는 F값을 계산하는 과정에서 분모 부분에 위치하게 되고, 집단 내 사례의 자유도는 분자 부분에 위치하게 된다. 다시 말하여 집단 수는 F값을 낮추는 요인이고 집단 내 사례 수는 반대로 F값을 높이는 요인이 된다. 따라서 검증력을 높이기 위해서는 연구 설계 과정에서 꼭 필요한 것 이외에는 집단 수를 최소화하고 집단 내에 포함될 사례 수는 가능한 한 크게 되도록 고려하여야 한다.

▌사후 검증

앞에서 변량분석에 의한 영가설 검증 방법을 설명하였는데 문제는 영가설이 기각되었다고 하여 각 집단의 모집단 평균의 비교 결과까지 나타내 주지는 않는다는 데 있다. 예를 들어 세 집단 사이의 변량분석이 이루어진 경우 영가설이 기각되었다는 것은 적어도 한 집단은 나머지와 다르다는 정보를 줄 뿐, 구체적으로 어떤 집단과 어떤 집단 사이에서 차이가 나는지에 대한 정보를 주지는 못한다. 이를 확인하는 작업이 사후 검증이다. 사후 검증에는 여러 가지 방법이 있고 각 방법은 장단점이 있는데 그 구체적인 방법까지 다루는 것은 이 책의 목적과 거리가 있으므로 생략한다. 다만, 중요한 것은 세 집단을 비교할 때 주어진 유의도 수준을 가지고 여러 가지 비교가 행해지면 실제로 차이가 없는데도 차이가 있는 것처럼 판단하는 오류 가능성이 높아진다는 것이다. 그 이유는 앞의 t-test 부분에서 이미 설명한 바 있다.

이를 방지하기 위한 한 가지 방편은 각각의 비교에서의 유의도 수준을 보다 엄격하게 낮춤으로써 전체 비교의 유의도 수준을 유지하게 하는 것이다. 예를 들어 각각을 비교할 때의 유의도와 전체 유의도 사이에는 다음과 같은 관계가 성립한다.

$$\alpha_{fw} = 1 - (1 - \alpha)^{c}$$

α_{fw} : 전체 유의도 수준 (family-wise alpha)

α : 각각의 유의도 수준

c : 비교 회수

만일 전체 유의도 수준 0.05를 유지하면서 세 번의 비교가 이루어진다면 각각의 비교에서의 유의도 수준은 어떻게 되어야 하는가?

$$0.05 = 1 - (1 - \alpha)^3$$

이 값을 만족시키는 α의 값은 대략 0.01에서 0.02 사이에 있음을 알 수 있다. 이러한 점을 고려하여 사후 검증이 이루어진다는 것을 이해하면 되겠다. 현재 일반적으로 사용되고 있는 사후 검증의 방법은 Dunnett Test, Tukey Test, Scheffe Test 등이 있다. 사용되는 수학적 방법은 조금씩 다르지만, 기본적으로 전체의 유의도 수준을 지키기 위해서 집단의 비교 회수에 따라 각 비교의 유의도 수준이 보다 엄격하게 조절된다는 것을 이해하면 되겠다.

공변량 분석

변량분석은 애초에 무선 할당된 비교집단이 있는 사후 검사에 의한 연구 설계에 관련된 것이었다. 이 경우에 비교할 집단이 세 개 이상 되면 변량분석을 통하여 유의도 검증을 할 수 있다. 이것은 사전 검사가 없이 사후 검사만으로 설계된 시험이었는데, 만일 여기에 사전 검사가 포함되어 있으면 그 분석은 어떻게 될까 생각해 보자.

무선 할당, 비교집단이 있는, 사전 검사, 사후 검사 설계

R	O_1	X	O_2
R	O_1		O_2

이 실험 설계는 앞에서 설명한 설계보다 사전 검사라는 과정이 추가되어 있으므로 더 강력한 설계일 것이라고 생각되기 쉬우나 반드시 그런 것은 아니다. 먼저 이 설계에서 우려되는 것은 사전 검사와 실험적 처치 사이의 상호작용(또는 상승작용)이다. 사전 검사를 실시한 까닭에 피실험자의 흥미나 인지적 상태가 민감해지고 그것이 실험적 처치의 효과에 좋게 혹은 나쁘게 영향을 미쳐 사후 검사 결과가 달라질 수 있는 가능성이 있다는 것이다. 만일 그런 가능성을 염려하지 않아도 될 이유가 있다면 이 설계도 강력한 설계가 될 수 있다. 그런데 그 분석 방법이 쉽지 않다. 먼저 무선 할당을 하지 않고 인위적으로 집단을 배정하는 방법에 대해 검토하겠다.

Matching

사전 검사와 사후 검사를 실시한 두 집단이 있을 때, 두 집단이 처음에는 차이가 없었다가, 실험이 진행된 후에는 차이가 나타났다는 것을 입증하고 싶을 것이다. 그래서 두 집단의 사전 검사 점수를 t-test로 비교하고, 다시 사후 검사 점수를 비교하는 경우가 많다. 이렇게 하여 사전 검사에는 차이가 나타나지 않고 사후 검사 점수에는 차이가 나타난다면 그것을 실험적 처치효과에 의한 것으로 간주할

수 있다는 생각이다. 그러나 이것은 잘못된 방법이다. 앞서 설명한 것과 같이, 하나의 판단을 위하여 두 번의 검증을 하였기 때문이다. 그보다도 t=test 결과 차이를 나타내지 않았다는 것은 차이가 없다는 가설을 기각하는 데 실패했다는 의미인데, 이를 차이가 없음을 증명한 결과로 해석하는 데 더 큰 문제가 있다. 이 방법보다 조금 진보된 것이 소위 Matching이라 하는 것이다.

Matching은 사전 검사 점수가 같은 사례를 서로 짝 지워 하나는 실험집단에, 또 하나는 비교집단에 배정하는 방법이다. 이것은 최초 출발점의 상태가 두 집단 사이에 서로 같도록 조작함으로써 표집 오차 부분을 최소화하려는 것이다. 앞에서 설명한 바와 같이 오차 부분이 작아지면 검증력은 커지게 되어 있다. 이것은 이 방법의 장점이라 할 수 있다. 그러나 이 방법에는 몇 가지 문제점이 있다. 먼저, 무작위 할당이 이루어지지 못하고 인위적인 조작이 개입된다는 점이다. 그것은 여러 오염 요인에 노출될 수 있는, 면역력이 약한, 건강하지 못한 설계라 할 수 있다. 또, 짝을 지울 수 없는 사례는 분석에서 제외된다는 점을 들 수 있다. 사례수를 잃으면 검증력은 떨어지게 되므로 이것은 이 설계의 단점이라 하겠다. 더욱 심각한 것은 만일 사전 검사 점수와 사후 검사 점수 사이에 강력한 상관관계가 존재하지 않는다면, 애써 Matching을 한 효과가 신통치 않게 된다는 점이다. 이러한 이유에 의해서 Matching은 특수한 사정이 있지 않는 한 권장하기 어려운 방법이며, 본격적인 연구방법이라 하기는 어렵다.

특수한 사정이란 충분한 사례수를 확보하지 못하였거나 사후 검사 점수에 큰 차이를 기대하기 어려운 경우인데, 어떤 경우이건 사전 검사와 사후 검사 점수 사이에 상당히 강력한 상관관계가 있다는 것이 전제되어야 한다.

공변량 분석 (ANCOVA: Analysis of Covariance)

대상 집단의 사전 검사 점수와 사후 검사 점수를 가진 설계에서 유력한 분석 방법은 공변량 분석이다. 공변량 분석은 사후 검사 점수에서 사전 검사 점수가 설명하는 부분 - 이를 공변량이라 한다 - 을 뺀 점수를 변량분석으로 처리하는 것과 같은 의미를 갖는다. 이를 그림으로 표시하면 아래와 같다.

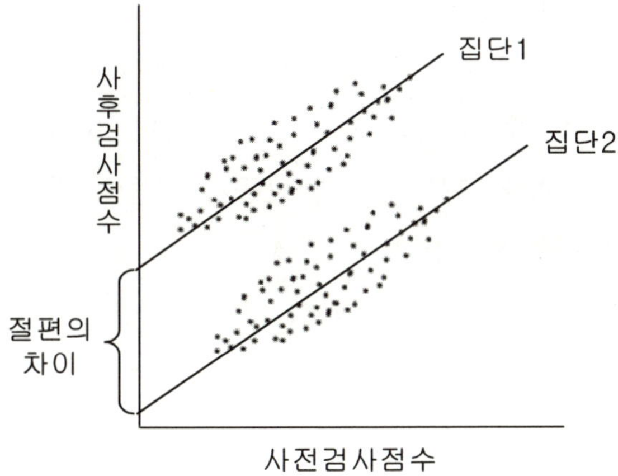

[그림10] 공변량 분석에서의 집단의 차이

공변량 분석은 위의 [그림 10]에서 두 집단 점수의 회귀선이 만들어 내는 Y 절편의 차이가 통계적으로 의미 있는지를 검증하는 작업이다. 이 분석의 장점은 사전 검사와 사후 검사 사이의 상관관계가 클 경우 분산이 줄어들기 때문에 오차 부분을 줄일 수 있다는 것이다.

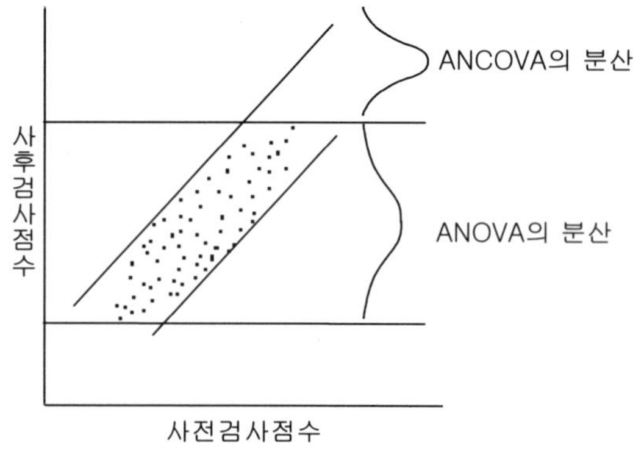

[그림11] 변량 분석과 공변량 분석의 분산

위 [그림 11]에서, 공변량에 의해 설명되는 부분을 제외한 분석은 그 분산이 단순한 변량 분석에서 나타나는 것보다 현저하게 줄어든다는 것을 알 수 있다. 분산이 줄어든다는 것은 오차 부분을 작게 만들기 때문에 검증력이 더 커진다는 것을 의미한다.

공변량 분석에 도입되는 분석 모형은 다음과 같다.

$$Y - \beta X = C + \alpha + \varepsilon$$

Y : 사후 검사 점수

β : 회귀 계수

X : 사전 검사 점수

C : 상수

α : 처치 효과

ε : 오차

공변량 분석의 특징은 우리가 비교하고자 하는 각 집단의 점수(Y)를 곧바로 비교하지 않고, 그 점수에서 사전 검사 점수에 의해 설명되는 부분(βX)을 제외하고 그 나머지를 비교하는 것이다. 사전 검사에 의해 설명되는 부분을 제외하고 나면, 나머지 과정은 변량분석과 같다. 따라서 분석 모델도 Y대신 Y -βX가 들어간 것 이외에 나머지는 변량분석과 같다.

먼저 사후 검사 점수(Y)에서 사전 검사(X)에 의해 설명되는 부분을 제외하는 과정을 살펴보자. Y점수 중 X에 의해 설명되는 부분이란 점수 X와 Y를 좌표 상에 표시한 모양을 가장 잘 설명하는 직선을 구하여 그 직선 식에 X 점수를 대입하여 얻어진 점수를 말한다. 이러한 직선을 회귀선이라 한다.

일반적으로 직선의 식은 다음과 같이 주어진다.

$$Y = aX + b$$

직선의 기울기 a란 X 값의 증가분에 대한 Y 값의 증가분 사이의 비율이다. 두 점 (X_1, Y_1), (X_2, Y_2) 사이의 기울기는 다음과 같다.

$$a = \frac{Y_2 - Y_1}{X_2 - X_1}$$

그러나 통계 처리에 사용되는 데이터는 이와 같은 완벽한 직선상에 있을 수는 없으므로 위의 식을 적용하는 대신 분산과 공변량에 의해 다음과 같이 추정한다. 즉 기울기 a는

$$a = \frac{X\text{와 } Y\text{의 공변량}}{X\text{의 분산}}$$

분산이란 표준 편차의 제곱이다. X의 분산은 다음과 같이 구해진다는 것을 독자는 기억하고 있을 것이다.

$$X\text{의 분산} = \frac{\sum (X - \overline{X})^2}{df}$$

X와 Y의 공변량은 편차의 곱을 모두 합한 값을 자유도로 나눈 값이다. 즉,

$$X\text{와 } Y\text{의 공변량} = \frac{\sum (X - \overline{X})(Y - \overline{Y})}{df}$$

이러한 과정을 통해 회귀선의 기울기 a를 구할 수 있다. 다음으로 절편 b는 직선의 식에, $\overline{X}$, $\overline{Y}$, a를 대입하여 구할 수 있다. 즉,

$$Y = aX + b$$

$$\overline{Y} = a\overline{X} + b$$

$$b = \overline{Y} - a\overline{X}$$

이렇게 하여 회귀선의 식을 구할 수 있었다. 이 식은 Y 점수 중 X의 점수에 의해서 이미 설명되는 부분을 표현하는 것이다.

남은 일은 X에 의해 설명되는 부분을 뺀 Y값을 사용하여 변량 분석의 과정을 밟는 일이다. 다만, 이 때 주의할 것은 집단 간 분산의 자승화를 구하는 과정에서 회귀선에 의해 자유도 하나를 더 잃는다는 것이다. 즉 집단 간 분산의 자유도는

집단 수 × (각 집단 내 사례수 -1) - 1

이 된다. 자유도를 잃는다는 것은 오차 부분을 크게 하는 요인이 된다. 그럼에도 불구하고 이 공변량 분석이 장점을 가질 수 있는 것은 공변량으로 설명되는 부분을 제외하여 전체 분산을 줄이는 것이 자유도 하나를 잃음으로써 분모 부분을 크게 하는 것보다 훨씬 더 F값을 크게 하는 효과를 가질 수 있기 때문이다. 그러나 만일 공변량으로 설명되는 부분이 충분히 크지 못한다면, 위의 예에서 말하

자면 사전 검사와 사후 검사 사이에 상관관계가 별로 크지 않다면, 공변량 분석은 공연히 자유도 하나만 잃는(검증력이 떨어지는) 결과를 가져오게 될 것이다.

공변량 분석을 하기 위해서는 몇 가지 전제 조건이 충족되어야 한다. 먼저 사전 검사 점수와 사후 검사 점수에 직선적 상관관계가 필요함은 앞에서 살펴본 바와 같다.

다음으로, 사전 검사 점수 분포가 대부분 서로 겹치는 모습을 나타내야 한다. 만일 다음 [그림 12]에서 나타나는 것처럼 겹치는 부분이 거의 없다면 그것은 두 집단이 동일한 조건에서 시작되었다 할 수 없고, 집단 간의 차이가 통계적으로 유의미하다 하더라도 그것이 실험적 처치효과 때문인지 아니면 성장 패턴인지 단정하기가 어려워진다.

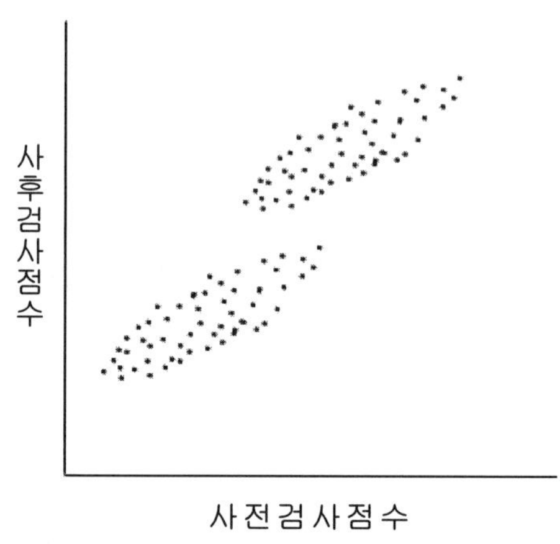

[그림 12] X축의 공통부분이 희박한 분포

마지막으로 회귀선의 기울기에 유의미한 차이가 없어야

한다는 조건이 포함된다. 기울기에 차이가 있다는 것은, 도식적으로 표현한다면 두 직선이 평행하지 못하고 서로 엇갈려 있는 모습을 말한다.

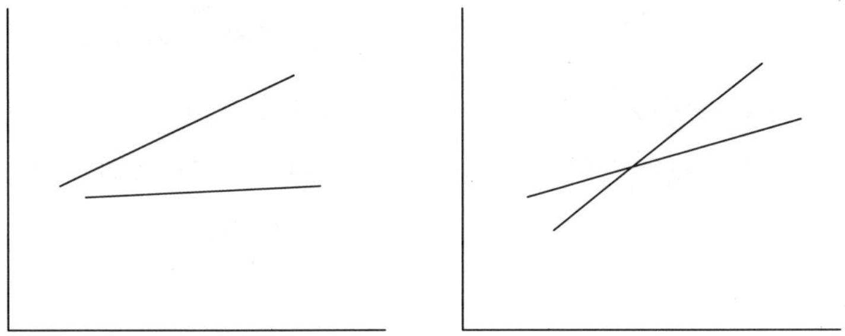

[그림 13] 회귀선의 기울기가 서로 다른 예

위 [그림 13]과 같이 두 직선이 평행하지 못하고 서로 엇갈린 모양을 일컬어 상호작용이 존재한다고 한다. 통계적인 용어로 말하자면 상호작용 효과의 P값이 유의도 수준보다 낮을 때 두 회귀선이 평행하다는 가정은 기각된다.

이러한 경우가 나타나면 공변량 분석의 결과를 근거로 처치효과의 존재 여부에 대한 어떤 해석도 불가능하다. 따라서 이런 일이 나타난다면 공변량 분석은 의미가 없어진다. 이 조건의 만족 여부는 공변량 분석에 있어서 결정적인 작용을 하므로, 분석 이전에 이 조건이 만족하는지를 검증하는 분석을 거쳐야 한다.

그 검증은 일반적으로 중다 회귀분석을 통하여 이루어진다. 상세한 과정은 생략하고 검증 모형을 소개하기로 한다.

$$Y = C + \alpha + X + \alpha X + \varepsilon \quad \varepsilon$$

Y : 사후검사 점수

C : 상수

α : 실험적 처치 효과
(집단의 효과)

X : 사전 검사 효과

αX : 상호작용

ε : 오차

이 모형에 의한 회귀분석을 실험하면 α와 X와 αX 효과에 대한 각각의 F 값과 P 값이 산출된다. 이 때 αX, 즉 상호작용 효과가 통계적으로 유의한가를 보는 것이다. 만일 상호작용 효과가 검증된다면, 즉 P 값이 주어진 유의도 수준(예컨대 $\alpha = 0.05$) 보다 작은 값이라면, 공변량 분석은 여기서 중단되어야 한다. 만일 P 값이 유의도 수준을 넘는다면 평행의 가정은 성립되며 따라서 공변량 분석이 가능해진다. 그리고 두 회귀선이 완벽히 평행하지 않음으로 인하여 생기는 차이는 분석 모형의 오차 부분에 귀속하게 된다. 이 때, 상호작용의 효과가 없다고 볼 수 있기 때문에, 공변량 분석은 위의 회귀분석 모형 중 상호작용 부분을 제외한 모형으로 수행할 수도 있다. 즉,

$$Y = C + \alpha + X + \varepsilon$$

이러한 중다 회귀분석은 회귀선의 식에 의해 수정된 Y

값을 변량분석으로 처리한 공변량 분석과 같은 의미를 갖는다. 공변량 분석은 검증력을 높일 수 있다는 장점이 있으나, 위에서 본 바와 같은 제한점이 있고, 검증된 차이가 직접적인 효과의 차이를 말해 주는 것이 아니라 공변량을 제외한 나머지의 차이라는 것을 기억할 필요가 있다. 위의 설명만으로 공변량 분석의 원리를 이해하기는 쉽지 않을 것이다. 다음의 예를 읽고 나면 이해에 도움이 될 것이라 생각한다.

저학년 학습 부진 학생을 위한 보충 교육 프로그램이 개발되었다. 과연 이 프로그램의 효과가 있는지를 검증하려면 어떻게 하여야 할까? 이 프로그램은 전체 학생을 대상으로 한 학습 능력 검사 결과를 토대로 하여 5%의 학생을 대상으로 한다. 이 프로그램의 취지는 처음 학교 학습에서 학습 부진을 보이는 아동을 대상으로, 이후의 학습에서도 부진이 계속되는 악순환을 막아 보자는 것이다.

만일 이 프로그램이 효과가 있다면 그것은 이 프로그램으로 학습한 학생의 이후 학교 학습이 향상된 결과를 보여야 할 것이다. 그렇다면 가장 먼저 생각할 수 있는 방법은 이렇다. 이 프로그램이 대상으로 하고 있는 저학년 학습 부진 학생을 표집하여, 실험집단과 통제집단의 두 집단으로 나눈다. 실험 집단 학생에 대해서는 이 프로그램을 실시하고, 통제집단은 이 프로그램을 투입하지 않은 상태에서 그대로 다음 학년으로 넘어가게 한 다음 학교 학습 성취도를 비교하는 것이다. 통계 방법으로는 t-test 또는

ANOVA를 사용하면 될 것이다. 만일 프로그램 효과가 있다면 실험집단의 점수 평균이 통제집단의 그것보다 통계적으로 유의미한 차이를 나타낼 것이다.

그러나 이 설계는 현실적인 문제를 가지고 있다. 실험을 위하여 통제집단의 학생들에게 보충교육의 기회를 제공하지 않은, 도덕적인 문제가 그것이다. 이런 문제를 안고 갈 수는 없으므로 다른 방법을 생각해야 할 것이다. 뭔가 이 프로그램을 적용하지 않은 집단과 비교하여야 하는데, 그 집단은 애초의 학습능력검사 결과 하위 5%보다 상위의 학생들뿐이다. 그렇다면 학습능력검사 하위 5% 학생과 상위 학생 집단을 대상으로 다음 학년의 학습능력 검사 점수를 비교하면 어떨까? (이제부터 학습능력검사를 사전 검사, 프로그램이 실시된 후의 학습능력 검사는 사후검사라 부르겠다.) 그 결과는 아마도 사전검사 하위 집단의 사후검사 점수가 상위 집단의 그것보다 낮게 나타날 것이다. 그 결과를 토대로 프로그램의 효과가 없다고 단정할 수 있을까? 누구나 생각할 수 있듯이, 그것은 비교 자체가 불공평한 것이었다. 왜냐하면, 사전검사 점수가 사후검사 점수를 설명하는 부분이 원체 크기 때문이다. 따라서 프로그램의 효과를 검증하기 위하여 두 집단의 사후검사 점수만을 단순히 비교하는 것은 사전검사 점수 하위 집단에게 너무 큰 핸디캡을 준, 공평하지 못한 설계이다.

이 문제를 해결하기 위한 방편으로 공변량 분석이 사용될 수 있다. 이 분석은 사전검사 점수를 공변량으로 두고,

두 집단의 사후검사 점수를 비교함에 있어서 공변량인 사전검사 점수가 설명하는 부분을 제외한 나머지를 비교하는 방법이다. 이제 앞에서 제시한 공변량 분석의 모델을 다시 보면 이해에 다가섰다는 느낌이 들 것이다. 그러나 이 예에서 공변량 분석을 사용하는 것에 대한 문제점도 있다. 이것은 조금 후에 나올 것이다. 지금까지 설명한 내용을 좌표의 개념을 빌려 다시 표현한다면 다음과 같다.

사전검사 점수와 사후검사 점수를 각각 x, y로 놓고 두 집단의 점수를 좌표 상에 표시했다고 생각해보자. 그렇다면 두 집단의 사후검사 평균을 단순 비교한다면 t-test 또는 ANOVA를 사용할 수 있을 것이다. 각 집단의 사후검사 점수 평균은 각각 y축 상의 한 점으로 나타날 것이다. 이 두 평균의 차이가 통계적으로 의미가 있는가를 분석하는 일이 곧 t-test 또는 ANOVA가 될 것이다. 그러나 사전검사 점수를 공변량으로 함께 고려한 ANCOVA(공변량 분석)의 경우, 그것은 각 집단의 x, y 점수를 가장 잘 설명할 수 있는 직선 (이를 회귀선이라 한다)의 y 절편의 차이가 의미가 있는가를 분석하는 일이 된다 ([그림 10] 참조).

[그림 11]에서 나타내고 있는 것은 공변량으로 설정된 변인과 분석하고자 하는 변인 사이에 직선형 상관관계가 크다면, 다시 말하여 공변량으로 설명되는 부분이 크다면 그 부분을 제거함으로써 순수한 처치효과가 더욱 분명하게 나타날 수 있다는 것이다. 그러니까 이것은 검증력(power)를 더 크게 할 수 있다는 것이다.

[그림 11]에서 분산이란 표현은 주의를 요한다. 분산이란 두 가지 의미로 쓰인다. 첫째는 편차 (개별 점수와 평균의 차)의 제곱의 합이란 의미로 영어로는 Variance이고, 둘째는 점수가 분포하는 범위라는 뜻의, 영어로는 Variation이다. 여기서 분산은 후자를 말하는 것이다. 그러나 Variation이 광범위하게 분포되면 Variance가 커지는 것은 당연한 이치이고, 또 이 둘은 모두 통계 분석 있어서 오차의 범주에 속한다는 점에서 크게 다르지는 않다.

▌교육 연구의 새로운 돌파구 : 상호작용

우리는 실험적 연구가 필연적으로 오차를 포함하고 있음을 알고 있다. 통계적 검증에 의하여 어떤 결론을 도출할 때도 어느 정도의 오류 가능성을 인정한다. 그러한 오류의 가능성이 있음에도 불구하고, 우리가 교육 연구를 통해 교육에 관한 지식을 확장해 갈 수 있다고 보는 것은 그 오류라는 것도 세상의 이치와 마찬가지로 정상 분포한다는 사실 때문이다. 그러므로 같은 주제에 대한 여러 연구 결과가 누적되면 처치효과에 관한 수량적 결과는 하나의 평균점으로 수렴될 것을 기대할 수 있다. 오차의 평균의 기대치는 0이 되기 때문이다. 그런데, 만일 이러한 일이 생기지 않는다면 이를 어떻게 해석해야 할까? 누적된 실험 결과가 서로 불일치한 경우는 어떨 때 생길 수 있는가를 생각해 보아야 할 일이다.

서울 시내의 한 지점에서 다른 한 지점까지 승용차로 가는 것이 빠른지, 아니면 전철로 가는 것이 빠른지를 조사할 때 이와 같은 경우가 나타날 것으로 보인다. 이를 조사하기 위하여 두 집단을 두고, 한 집단은 승용차로, 다른 한 집단은 전철로 출발하여 도착지까지 가는 데 걸린 시간을 비교한다면, 이 실험 결과는 아무리 누적되어도 하나의 통합된 결론에 이르지 못할 것으로 짐작된다. 그 이유는 시간대를 고려하지 않았기 때문일 것이다. 차들이 붐비는 출퇴근 시간대에는 전철을 이용하는 것이 빠르고, 거리가 한가한 시간대에는 승용차를 이용하는 것이 더 빠를 것이다. 이와 같은 사정을 고려하지 않고 단순히 차와 전철의 소요시간만을 비교하는 것은 별 의미가 없고, 현실을 구체적으로 파악하기에 미흡한 일이다. 이러한 경우 실험 결과가 누적된 모양은 자연스럽지 않은 불일치를 나타냄으로써 우리에게 경고 신호를 준다.

교육 연구에 있어서도 실험 연구 결과가 누적됨에도 불구하고 그 수량적 결과가 수렴하지 않고, 지나치게 이질적으로 나타나는 경우가 있다. 자연스러운 세상의 이치가 통하지 않았다는 것은 우연히 발생한 사건이라고 보는 것보다는 그 주제에 대한 개념화에 어떤 잘못이 있었다고 보는 것이 더 합리적일 것이다. 따라서 이러한 일이 관찰될 경우에는 그러한 연구가 포함하고 있었던 전제 또는 가정을 검토하게 된다.

예를 들어 보자. 과거 컴퓨터를 사용하여 학습하게 하는 프로그램이 개발된 초기 단계에서 수업설계를 어떻게 하는 것이 효과적인 결과를 나타낼 수 있을 것인가에 대한 연구가 활발히 진행되었다. 그 중 대표적인 문제는 학습의 통제권을 학습자에게 주는 것이 효과적인가 프로그램이 통제하게 하는 것이 효과적인가 하는 것이었다. 당연히, 많은 연구자들은 학습자 통제집단과 프로그램 통제집단의 학업성취도를 비교하는 실험 연구를 수행했다. 그런데, 많은 유사한 연구가 행해졌지만 그 결과는 각양각색이었다. 누적된 연구 결과는 집단 간의 차이에 있어서 일정한 수치에 접근하지도 않았고, 어떤 집단이 더 좋은 결과를 나타냈는지에 관해서도 일정한 결과를 나타내지 못했다. 이러한 사실이 시사하는 바는 지금까지의 연구가 포함하고 있었던 전제나 가정을 재검토해야 한다는 점이다.

이러한 부류의 연구가 가지고 있는 가정을 도출한다는 것은 기술적인 문제가 아니라, 이론과 깊이 관련된 직관적인 문제라 할 수 있다. 어쨌든 연구자들은, 이러한 연구에서 의심 없이 받아들이고 있었던, 통제의 소재 효과가 일반적으로, 누구에게나 동일하게 나타난다는 생각에 주목하기 시작했다. 만일 학습자의 특성에 따라 그 결과가 서로 다르게 나타나는 것이라면 지금까지의 연구 결과의 불일치는 그것으로 설명될 수 있다는 생각에서였다. 과연 이러한 의심을 확인하기 위한 연구의 결과는 사전 지식 기반이 잘 갖춰진 학습자에게는 학습자 통제가, 그렇지 못한 학습자에게는 프로그램 통제가 보다 효과적이라는 사실을 확인시켜 주었다. 그리고 그것으로써 과거의 연구 결과가 수렴되지 못했던 이유가 설명되었고, 이 방면의 연구는 새로운 국면에 접어들게 되었다. 이러한 시각의 전환이 있은 이후 대부분의 연구자들이 처치효과들을 단순히 서로 비교하는 형태의 연구에서 벗어나 학습자의 특성이라는 변수를 첨가하여 이들이 상호 작용하는 양상을 연구하게 되었다. 이렇게 하여 새로운 연구 결과들이 누적되었다. 그런데 이렇게 누적된 연구 결과들도 그 수량적 상태가 충분히 수렴하는 모습을 나타내지 못해 최근 연구자들은 새로운 돌파구를 찾기 위한 시도를 하게 되었다. 그것은 역시 기존의 연구가 견지하고 있는 가정이나 전제를 검토하는 것으로부터 시작된다. 그러한 노력의 하나가 학습을 설명함에 있어 학습 과제의 유형과 학습자의 특성과 처치 사이에 3원적 상호작용이 존재함을 검증한 일이었다.

이와 같이, 기존의 연구가 누적된 상태에서도 충분히 설명되지 않는 부분이 있다면, 그것은 그러한 방향의 연구를 계속할 일이 아니라 새로운 돌파구를 모색하여야 한다는 것을 의미한다. 그리고 그러한 모색은 많은 경우 기존의 연구에서 고려하지 못했던 새로운 변수를 추가함으로써 이루어진다. 새로운 변수를 추가할 때 기존의 변수와의 사이에 상호작용이 검증된다면, 그것으로써 기존 연구 결과의 불일치를 설명할 수 있을 뿐 아니라, 현상을 보다 구체적으로 볼 수 있는 시각을 확립한 것이 된다. 연구 설계에 새로운 변수를 추가할 때, 그 통계적 분석 방법은 점차 복잡해지게 마련이다. 그러나 그 기본적인 개념은 지금까지 보아 왔던 것처럼 크게 달라지지 않는다. 여기에서는 새로운 변수가 추가되는 경우의 분석 방법에 있어서 원리적인 부분을 알아보겠다. 그러기 위해서는 먼저 상호작용의 개념과 의의를 이해하는 것이 필요하다.

▮ 상호작용 (Interaction)

지금까지 인과관계를 확인하는 데 있어서 하나의 변인(또는 변수)을 원인의 위치에 놓고, 또 다른 하나의 변인을 결과의 위치에 놓은 다음, 그 인과관계가 성립되는지를 검증하는 방법을 설명하였다. 이 때 원인이 되는 변인(또는 변수)을 독립변인(또는 독립변수)이라 하고, 결과가 되는 변인(또는 변수)을 종속변인(또는 종속변수)이라 한다. 그런데 독립변인이 한 개보다 더 많을 수도 있다. 예를 들어 학습 효과를 설명하는 데 있어서 선수학습과 학습 동기, 그리고 교수 방법 등이 동시에 일정 부분을 차지한다.

상호작용은 둘 이상의 독립변인, 즉 어떤 효과의 원인이 되는 변수가 있는 경우 그 독립변인이 모두 일정하게 작용하지 않고, 하나의 독립변인이 또 다른 독립변인의 수준에 따라 달리 작용하는 경우를 말한다. 앞에서 든 예를 보면 전철과 승용차의 빠르기는 일반적으로 설명되지 않고, 시간대에 따라 달리 설명될 수밖에 없는데, 이럴 때 교통편과 시간 사이에 상호작용이 있다고 할 수 있다.

상호작용이 없는 경우의 예를 보자. 사전 지식 기반이 상위와 하위인 학생들을 각각 교육 프로그램 A, B, C에 할당하여 학습하게 한 후 얻은 각 집단의 성취도 평균이 다음과 같다고 하자.

사전지식 / 처치	상위	하위
A	90	80
B	80	70
C	60	50

사전 지식 기반 상·하위별로 각 프로그램의 효과를 좌표

상에 표시해 보면 아래와 같다.

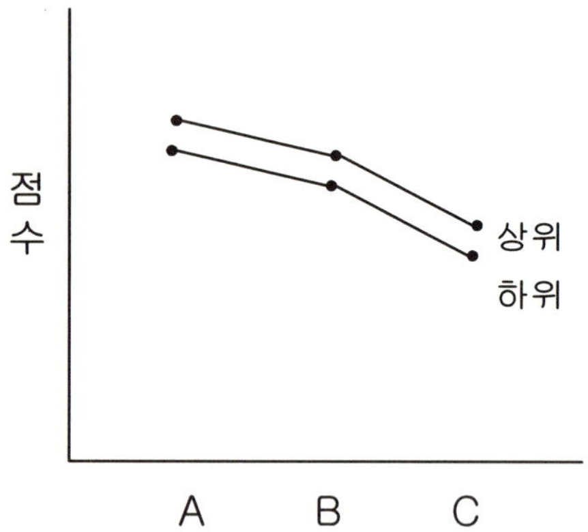

[그림 14] 상호작용이 없는 경우

이 [그림 14]에서 처치효과 사전 지식 기반의 효과는 모두 독자적으로 학업성취도에 기여한다는 것을 알 수 있다. 프로그램 A를 통해 학습한 집단은 사전 지식 기반이 상위든 하위든 관계없이 언제나 가장 높은 학업 성취도를 나타냈다. 그리고 프로그램 B, C 순으로 효과의 차이가 나타났다. 역으로, 사전 지식 기반이 상위인 집단은 어떤 프로그램에 의해 학습한 경우에도 하위 집단보다 높은 점수를 얻었다. 이러한 경우 하나의 독립변인의 효과가 다른 독립변인의 수준에 의해서 영향을 받지 않는다는 것을 알 수 있다. 이러한 경우 상호작용은 없다. 이 결과에 대해서, 학습 프로그램은 A, B, C 순으로 효과적이고, 선수학습 수준은 높은 것이 학습 결과를 높이는 데 필요하다는 일반적인 해석이 가능하다. 이번에는 다음과 같은 결과가 나타나는 경우에 대해 생각해 보자.

사전 지식 / 처치	상위	하위
A	90	70
B	80	70
C	60	75

이 결과를 그림으로 표시하면 다음과 같다.

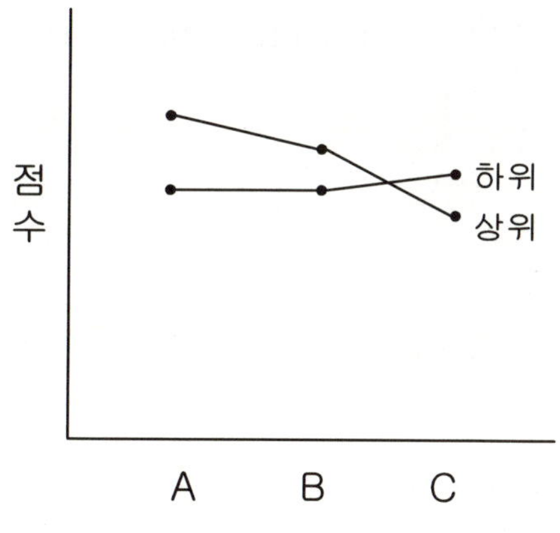

[그림 15] 상호작용이 있는 경우

이러한, [그림 15]와 같은 결과가 나타날 때 학업성취도를 설명하는 처치 효과와 사전 지식 효과는 독립적으로 성립할 수 없고 서로에게 의존하게 되는데, 이를 상호작용이라 한다. 위 그림에서 프로그램 A는 언제나 가장 효과적이라 할 수 없다. 사전 지식 기반이 상위인 집단에 대해서는 물론 가장 효과적이지만 하위 집단은 오히려 상위 집단에게 가장 비효과적이었던 프로그램 C가 더 잘 적용한다. 역으로 사전 지식 기반이 하위인 집단도 프로그램에 따라 상위인 학생과 비슷한 결과를 나타낼 수도 있다. 이와 같이 상호작용이 존재할 때 각각의 독립변수의 효과는 독자적으로 설명될 수 없고 다른 독립변수의 수준에 따라 달리 설명하여야 한다.

요인 설계 (Factorial design)

앞서 설명한 상호작용을 검증할 수 있는 설계는 요인 설계이다. 요인 설계의 장점은 무엇보다도 상호작용을 검증할 수 있기 때문에 단일 요인에 대한 비교에서는 얻을 수 없는 새로운 사실을 발견할 수 있다는 점이다. 또 하나의 장점은 결과에 영향을 끼치는 요인들을 설계에 포함시킴으로써 그 수준별로 집단을 나눌 수 있다는 점이다. 이것은 집단의 특성을 동질적인 것으로 만드는 효과가 있다. 즉 집단 내 분산의 크기를 작게 하여 오차 부분을 줄일 수 있다는 의미를 갖는다.

앞에서 예로 든, 프로그램 효과와 선수학습 효과에 따라 학업성취도를 비교하는 연구 설계는 프로그램 효과가 3개 수준, 선수학습이 2개 수준으로 되어 있기 때문에 3×2 (three by two) 요인 설계 (Factorial design)라 한다. 요인 설계 결과를 분석하는 통계 방법은 2원 변량분석 (two-way ANOVA)이다. 그 분석 모델은 다음과 같다.

$$y = \mu + \alpha + \beta + \alpha\beta + \varepsilon$$

y = 점수
μ = 전체 평균
α = 첫 번째 독립 변인의 효과
β = 두 번째 독립 변인의 효과
αβ = 상호작용 효과
ε = 오차

이 모델에서 각각의 효과 부분을 계산하는 방법은 대단히 복잡할 뿐 아니라 그것을 아는 것은 이 책의 목적과 거리가 멀기 때문에 생략한다. 다만 각 점수에서 주 효과 (main effect: 두 독립 변인의 효과)와 상호작용 효과에 해당하는 자승합을 구해 자유도 df로 나누어 주고, 그렇게 얻어진 자승화를 집단 내 분산의 자승화로 나누어 F값을 구하는 과정은 동일하다는 것을 기억하면 될 것이다. 컴퓨터는 이 작업을 순간적으로 해 낼 것이다.

이원 변량분석의 결과를 해석하기 위해서는 먼저 상호작용 효과의 유의도를 보아야 한다. 상호작용 효과의 F값이

커서 확률 P가 유의도 수준보다 낮을 때, 즉 상호작용 효과가 검증되었을 때, 주 효과를 해석하는 것은 의미가 없다. 이때에는 한 변수의 효과를 다른 변수의 각 수준과 함께 고려하여야 한다. 만일 상호작용 효과가 나타나지 않았을 때, 즉 상호작용 효과의 P값이 유의도 수준보다 높게 나타났을 때에는 주 효과, 즉 독립 변인의 효과로 나타난 F값과 P값들을 있는 그대로 해석할 수 있다.

다음 [그림 16]과 같은 모양의 경우도 생각해 보자.

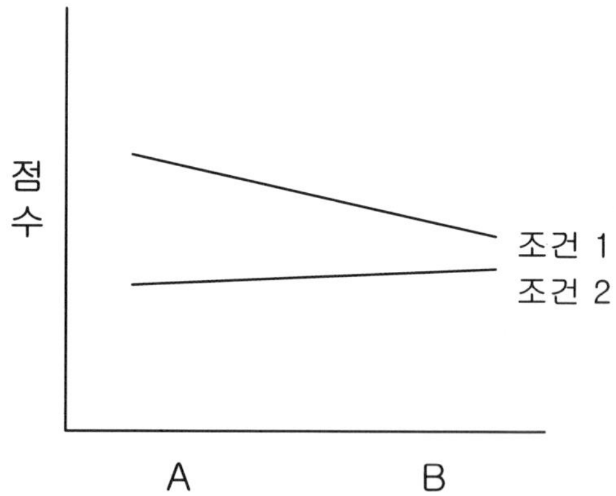

[그림 16] 상호작용이 있는 경우

위와 같은 모습도 상호작용이 있는 것으로 간주된다. 프로그램 A, B에 관계없이 조건 1은 언제나 조건 2보다 높은 점수를 나타냈지만 그 작용하는 양상이 프로그램에 따라 확연히 다르므로 이 경우 프로그램의 효과나 조건의 효과를 상호 관련성 없이는 일반적으로 해석할 수 없어진다. 이러한 경우 조건이라는 변인을 고려하지 않고 프로그램

효과만 단순 비교하면 연구 결과가 누적되어도 하나의 통합된 결과로 수렴하지 못하고 상당히 큰 편차를 나타내게 된다. 이와 같이 상호작용 효과를 검증하는 것은 종종 연구 동향이 올바른 방향을 잡지 못하고 있을 때 새로운 돌파구를 열어 주는 역할을 할 수 있다.

▸ ▸ ▸ 보조설명

p값의 해석에 대하여

실험 결과를 입력하고, 분석을 수행한 다음, 얻어진 결과를 살펴보는 과정에는 언제나 작은 흥분이 있다. 특히 이 일이 처음인 연구자에게는 더욱 그럴 것이다.

대부분의 통계 분석에서 그 결과를 대표하는 것이 p값이다. 실험적 처치의 효과가 있는지를 알기 위하여 몇몇 실험집단과 비교집단의 점수 차를 비교하는 것이 전형적인 연구의 목표인데, 실험의 결과 얻어진 점수 차가 과연 의미 있는 것인지, 아니면 그냥 우연에 의한 것인지, p값은 거기에 관련된 답을 준다. 즉, "집단 간 차이가 실제로 없는데도 이러한 결과가 나올 수 있는 확률은 p이다"라는 의미이다.

일반적으로 교육 연구자들은 0.05라는 선을 긋고 p값을 대한다. p값이 0.05보다 작으면 실제로 차이가 없는데 우연히 이런 차이가 발견되었을 확률이 너무 작으므로, 실제로 차이가 있다는 결론을 채택하고, p값이 0.05보다 크면, 우연히 그런 차이가 나타나게 된 것으로 보고, 실제로는 차이가 없다고 결론 내리는 것이다.

▸ ▸ ▸ 보조설명

당연히 연구자들은 자신의 연구 결과로 얻어지는 p값이 낮기를 희망할 것이다. 그래야만 처치효과가 있다는 결론을 내릴 수 있으니까. 거기까지는 이해가 된다. 원칙적으로 말하자면 처치효과가 있건 없건, 진실을 규명하는 데 충실하기만 했다면, 그 연구는 훌륭한 것이지만, 현실적으로 안전하게 학위를 취득하고 싶은 학생의 입장에선 아무래도 처치효과가 있다는 결론을 갖는 것이 편할 것이다. 문제는 보고서에 표현되는 초보자 티이다.

가게를 열고 장사를 해 보면 매상이 많은 날도, 적은 날도 있다. 그때마다 큰 부자가 되는 줄 알고 기뻐 날뛰거나, 당장 파산하는 줄 알고 실의에 빠지거나 하는 것은 아마추어의 모습이다.

많은 연구자들은 p값이 낮게 나왔을 때, 기쁨을 감추지 못한다. 예컨대. p=0.04 정도로 나타나면 정중하게 차이를 인정하던 것을, p=0.0001 정도의 수치를 얻으면, 유의미한 차이가 있다는 말에 퍽, 대단히 등의 수식어를 덧붙인다. 때로는 큰 차이가 있다고 하기도 한다. 반면, p=0.06 정도의 수치가 나오면 갑자기 기가 죽어서 앞에 한 일에 대해 반성하는 분위기를 조성하는 경향이 있다. 모두 잘못이다.

▸ ▸ ▸ 보조설명

이 모든 결과가 어느 정도는 우연에 의해서 그렇게 된다는 것을 알아야 한다. 우리가 실험을 해서 얻어진 결과는 현실만을 정확히 반영하는 것이 아니라, 현실에 더하여 어디로 튈지 모르는 오차가 함께 반영되는 것이다. 다만 오차도 확률의 범위 내에서 나타나기 때문에 우리에게 추론의 실마리를 주는 것이다. 따라서 전통적인 통계적 검증을 할 때 같다, 다르다 중 하나의 결론을 내리는 것이지, 그 과정에서 얻어진 수치에 의존하여 정도에 대한 해석을 하는 것은 지나친 일임을 알자.

혹자는 이런 의문을 가질 것이다. 5%의 오류 가능성을 포함하면서 결론을 내리는 것은 너무 무책임한 것이 아닐까 하고. 그러나 연구는 시스템에 의한 접근이다. 나 말고 수많은 다른 사람들도 이 연구를 보고 있으며, 필요하다면 다른 상황에서 수없이 많이 되풀이될 수도 있을 것이다. 연구라는 시스템 속에서 나는 모든 것을 밝히는 절대자가 아니라, 그 속에서 부분적인 역할을 하는 하나의 원소이다. 이렇게 하여 지식은 체계적으로 축적되고 이론은 발전해 간다.

연습문제

지금까지 공부한 통계의 기본 개념에 관한 이해가 잘 되었는지 점검해 보기로 하자. 문제는 모두 11 개인데 지금까지 본문의 설명을 잘 이해한 독자는 2 개 이상 틀리지 않을 것으로 생각된다. 문제의 답을 먼저 생각해 보고 나면 다음 장에 다시 문제와 해설이 제시된다. 만일 틀린 곳이 있다면 충분히 이해가 된 후에 다음 장으로 진행하는 것이 시간을 절약할 수 있을 것이다.

※ 다음에 설명된 상황을 읽고 통계처리 방법이 잘못 적용된 경우를 모두 고르고 그 이유를 설명하시오.

1. 두 집단 학생들에게 설문조사를 실시하여 자신의 학교성적을 상, 중, 하 중 하나로 평가하게 하여 상에는 3, 중에는 2, 하에는 1의 점수를 부여하였다. 집단 간의 유의미한 차이가 있는지 검증하기 위하여 t-test를 실시했다.

2. 연세대학교 농구팀과 고려대학교 농구팀의 평균 신장의 차이가 있는지 알기 위하여 선수 명단과 신장의 데이터를 구했다. 이 자료를 입력하여 t-test로 처리했다.

3. 두통약의 효과를 비교하기 위하여 각각 다른 약을 복용한 세 집단의 환자에 대해 복용 후 증상이 치료되는 데

까지 걸린 시간을 조사하여 변량분석으로 처리했다.

4. A, B, C 세 참고서의 효과를 자세히 비교하기 위하여 이 중 한 참고서를 가지고 공부한 중학생 집단을 각각 100명씩 표집하여 학기말 성적을 조사하여 A대 B, B대 C, C대 A의 세 가지 t-test를 실시하였다.

※ 다음의 경우에서 독립변인, 종속변인, 비교집단, 실험집단, 연구 문제, 연구 가설, 연구 설계의 종류를 밝히시오.

5. 학습자의 유형에 따라 각 유형에 맞는 교수 방법이 있다는 믿음을 검증하기 위하여 두 집단을 무선표집했다. 한 집단은 학습자 유형 검사에 따른 처방에 의해 학습했고, 다른 한 집단은 전통적 학습 방법에 의했다. 학습이 진행되고 난 후 그 내용에 대한 시험을 치르고 결과를 비교했다.

※ 다음 물음에 답하고 그렇게 답한 이유를 간략히 설명하시오.

6. 한 연구자가 자신의 실험에서 사용한 학업성취도 측정 도구의 신뢰도를 보고하기 위하여 검사-재검사 신뢰도를 구하고자 했다. 이 방법은 검사가 이루어진 후 같은 학생들에게 다시 한 번 검사를 실시하여 검사 점수와 재검사 점수 사이의 상관계수를 구하여 그것으로 신뢰도를 추정하는 방법이다. 일정한 시간이 경과한 후 실험에 참여했던 학생을 다시 모아 재검사를 실시하려고 하였는데 성적 미달 학생들이 보충교육을 받기 때문에 재

검사에 참가하지 못하게 되었다. 이들을 빼고 검사한 결과로 신뢰도를 보고한다면 이 도구의 신뢰도는 과대평가될까, 과소평가될까?

7. 한 연구자가 교직 경험과 직무만족도에 관한 연구를 하였다. 전국에서 교직 경험이 20년 이상인 집단부터 5년 미만의 집단까지 네 집단을 표집하여 직무만족도 검사를 실시하였다. 그 결과 교직 경험이 오랜 집단일수록 직무만족도 평균이 높았다. 따라서 교직 경험은 직무만족도를 높인다는 결론을 내렸다. 이 연구 결과에 대한 다른 설명의 가능성은 무엇일까?

8. 사례수 각각 20명인 세 집단의 통계 자료를 가지고 변량분석을 하고자 한다. 입력 실수로 각 집단의 점수가 복사되어 같은 통계 자료가 두 번씩 나타나게 되어 각 집단의 사례수가 40명인 것처럼 되었다. 이대로 통계처리를 한다면 검정력(power) 면에서 그 결과는 어떻게 될까?

9. 요인 설계에 의한 2원 변량분석을 할 때 검정력을 높이는 데 기여하는 수치와 떨어뜨리는 데 기여하는 수치를 모두 적으시오.

10. T-test, 일원 변량분석, 2×2 요인 설계에 의한 변량분석, 공변량분석 중 상호작용 효과의 검증이 가능한 것은 어떤 것(들)일까?

11. 각각 100명으로 구성된, 전통적인 학습집단과 상당히 효

과적인 실험적 처치를 제공한 학습집단의 성취도의 기초통계량을 조사하면 다음 중 어떤 데이터에 가까울까?

	전통적 학습집단		실험집단	
	평균	표준편차	평균	표준편차
①	65	6.7	68	6.9
②	55	7.8	69	6.3
③	70	6.9	82	7.2
④	60	7.2	75	7.0

풀이 및 해설

※ 다음에 설명된 상황을 읽고 통계처리 방법이 잘못 적용된 경우를 모두 고르고 그 이유를 설명하시오.

1. 두 집단 학생들에게 설문조사를 실시하여 자신의 학교 성적을 상, 중, 하 중 하나로 평가하게 하여 상에는 3, 중에는 2, 하에는 1의 점수를 부여하였다. 집단 간의 유의미한 차이가 있는지 검증하기 위하여 t-test를 실시했다.

풀이

이것은 통계처리 방법이 잘못됐다. T-test를 하기 위해서는 분석 대상인 수치가 구간척도라는 전제가 만족되어야 하는데 여기서 사용된 수치는 명명척도이기 때문이다. 명명척도의 경우 평균 점수의 차이가 의미를 갖지 못하기 때문에 이 점수를 사용한 t-test 결과는 의미가 없고, 따라서 해석할 방법도 없다.

주어진 예는 명명척도의 빈도를 비교하는 것이다. 이러한 경우에는 빈도분석 방법의 하나인 chi-square (χ^2) 검증 방법을 쓴다. 이것은 각 빈도를 표시하는 수치가 유의미한 차이를 나타내는가를 검증하는 방법이다. 비교적 단순한 통계 방법이기 때문에 계산 방법은 소개하지 않았으나 그 기본적인 원리는 다음과 같다.

$$\chi^2 = \sum \left[\frac{(f_0 - f_e)^2}{f_e} \right]$$

χ^2 : chi-square 값

f_0 : 관찰된 빈도 (frequency observed)

f_e : 기대된 빈도 (frequency expected)

현실적으로 관찰된 빈도가 기대치와 차이가 클 경우 χ^2의 값은 커질 것이고, 그 값이 정해진 수준을 넘어서게 되면 차이가 없다는 가설을 기각하게 된다. 그렇다면 그 차이는 우연에 의해서 발생한 것이 아니라고 해석하게 될 것이다.

2. 연세대학교 농구팀과 고려대학교 농구팀의 평균 신장의 차이가 있는지 알기 위하여 선수 명단과 신장의 데이터를 구했다. 이 자료를 입력하여 t-test로 처리했다.

풀이

이 경우는 불필요하게 t-test를 적용한 예이다. 이 문제에 오답을 한 독자는 근본적으로 검증이란 것을 왜 하는지 생각해 보아야 할 것이다. 검증이란 것은 집단 간의 평균 차이를 놓고, 원래 모집단의 차이는 없는데 우연히 그런 차이가 나타난 것인가, 아니면 모집단의 차이에서 비롯된 것인가를 판단하는 일이다. 즉 통계적으로 의미 있는 차이라는 것은 모집단의 차이가 있는 경우를 말한다. 이 경우에는 이미 모집단의 평균을 확보하고 있으므로 더 이상의 통계적 분석은 필요가 없다.

3. 두통약의 효과가 빨리 나타나는 정도를 비교하기 위하여 각각 다른 약을 복용한 세 집단의 환자에 대해 복용 후 증상이 치료되는 데까지 걸린 시간을 조사하여 변량분석으로 처리했다.

풀이

이 경우는 통계처리 방법이 제대로 적용되었다. 비율척도가 사용된 점, 집단 수가 셋 이상이라는 점 때문에 변량분석이 적용될 수 있다. 측정 방법이 어렵고 다소 애매한 점이 있지만, 거기서 생기는 오차 부분은 서로 상쇄되어 결론에 영향을 미치지는 않을 것으로 예측된다. 이러한 점이 집단 단위로 통계분석을 하는 방법의 장점이라고도 할 수 있다. 다만 이러한 효과를 기대하기 위해서는 각 집단의 사례수가 너무 작아선 안 되겠다.

4. A, B, C 세 참고서의 효과를 자세히 비교하기 위하여 이 중 한 참고서를 가지고 공부한 중학생 집단을 각각 100명씩 표집하여 학기말 성적을 조사하여 A대 B, B대 C, C대 A의 세 가지 t-test를 실시하였다.

풀이

이 통계처리 방법에 문제를 느끼지 못하는 독자는 검증의 논리를 잘 이해하지 못하고 있다고 볼 수 있다. 검증(test)이란 확률에 의한 판단을 말한다. 하나의 판단을 할 때는 그 판단에 오류가 있을 확률이 필연적으로 포함된다. 이러한 독립된 판단을 묶어서 세 개의 연속된 판단을 할 때는 전체적으로 오류가 있을 확률이 더 커지기 때문에 그렇게 할 수는 없는 것이다. 따라서 이러한 경우에는 세 개의 검증을 실시하는 대신, 전체를 하나로 검증하는 방법을 택해야 한다. 그 방법이 변량분석이다.

※ 다음의 경우에서 독립변인, 종속변인, 비교집단, 실험집단, 연구 문제, 연구 가설, 연구 설계의 종류를 밝히시오.

5. 학습자의 유형에 따라 각 유형에 맞는 교수 방법이 있다는 믿음을 검증하기 위하여 두 집단을 무선 표집했다. 한 집단은 학습자 유형 검사에 따른 처방에 의해 학습했고, 다른 한 집단은 전통적 학습 방법에 의했다. 학습이 진행되고 난 후 그 내용에 대한 시험을 치르고 결과를 비교했다.

풀이

독립변인 : 학습자 유형에 따른 교수법

종속변인 : 학업성취도

비교집단 : 전통적 방법에 의해 학습한 집단

실험집단 : 학습자 유형에 따른 처방에 의해 학습한 집단

연구문제 : 학습자 유형에 따른 교수법은 학업성취에 어떤 영향을 미치는가?

연구가설 : 학습자 유형에 따른 교수법에 의해 학습한 집단은 전통적 방법에 의해 학습한 집단과 같은 학업성취를 보일 것이다

연구 설계 : 무선 표집한, 사후 검사에 의한, 비교집단을 둔 설계

(Randomized, posttest-only control group design)

※ 다음 물음에 답하고 그렇게 답한 이유를 간략히 설명하시오.

6. 한 연구자가 자신의 실험에서 사용한 학업성취도 측정 도구의 신뢰도를 보고하기 위하여 검사-재검사 신뢰도를 구하고자 했다. 이 방법은 검사가 이루어진 후 같은 학생들에게 다시 한 번 검사를 실시하여 검사 점수와 재검사 점수 사이의 상관계수를 구하여 그것으로 신뢰도를 추정하는 방법이다. 일정한 시간이 경과한 후 실험에 참여했던 학생을 다시 모아 재검사를 실시하려고 하였는데 성적 미달 학생들이 보충교육을 받기 때문에 재검사에 참가하지 못하게 되었다. 이들을 빼고 검사한 결과로 신뢰도를 보고한다면 이 도구의 신뢰도는 과대평가될까, 과소평가될까?

풀이

하위 또는 상위권 학생이 누락될 경우 상관계수가 낮아지기 때문에 신뢰도는 과소평가된다. 상관계수를 구하는 일에 있어서 어떤 형태이든 범주의 제약이 가해지면 그것은 사실에 대한 중대한 왜곡을 초래할 수 있으므로 꼭 피해야 할 일이다.

7. 한 연구자가 교직 경험과 직무만족도에 관한 연구를 하였다. 전국에서 교직 경험이 20년 이상인 집단부터 5년 미만의 집단까지 네 집단을 표집하여 직무만족도 검사

를 실시하였다. 그 결과 교직 경험이 오랜 집단일수록 직무만족도 평균이 높았다. 따라서 교직 경험은 직무만족도를 높인다는 결론을 내렸다. 이 연구 결과에 대한 다른 설명의 가능성은 무엇일까?

풀이

피험자의 체계적인 탈락이 문제가 될 것이다. 교직에 만족하지 못하는 교사는 시간이 지남에 따라 전직을 할 가능성이 높아진다. 그렇게 되면 남아 있는 교사의 직무만족도 평균을 높이는 결과를 가져오기 때문에 이 실험의 결론을 의심스럽게 한다.

8. 사례수 각각 20명인 세 집단의 통계 자료를 가지고 변량분석을 하고자 한다. 입력 실수로 각 집단의 점수가 복사되었고 그 때문에 같은 통계 자료가 두 번씩 나타나게 되어 각 집단의 사례수가 40명인 것처럼 되었다. 이대로 통계처리를 한다면 검정력(power) 면에서 그 결과는 어떻게 될까?

풀이

검정력은 높아진다. 다른 조건이 같은 상태에서 사례수가 늘어 오차 부분이 줄어들기 때문이다. 오차는 사례수의 역함수이다.

9. 요인설계에 의한 2원 변량분석을 할 때 검정력을 높이는 데 기여하는 수치와 떨어뜨리는 데 기여하는 수치를 모두 적으시오.

풀이

검정력을 높이는 데 기여하는 수치 : 사례수, 집단 간 평균의 차이

검정력을 떨어뜨리는 데 기여하는 수치 : 표준편차, 집단의 수

10. T-test, 일원 변량분석, 2×2 요인설계에 의한 변량분석, 공변량분석 중 상호작용 효과의 검증이 가능한 것은 어떤 것(들)일까?

풀이

2×2 요인설계에 의한 변량분석(2원 변량분석), 공변량분석

11. 각각 100명으로 구성된, 전통적인 학습집단과 상당히 효과적인 실험적 처치를 제공한 학습집단의 성취도의 기초통계량을 조사하면 다음 중 어떤 데이터에 가까울까?

	전통적 학습집단		실험집단	
	평균	표준편차	평균	표준편차
①	65	6.7	68	6.9
②	55	7.8	69	6.3
③	70	6.9	82	7.2
④	60	7.2	75	7.0

풀이

정답 : ②

먼저 틀린 답지를 검토해 보자. ① 번의 경우는 평균의 차이가 3점으로 표준편차 단위로 약 $\frac{1}{2}$이 채 되지 못하고 있다. 이런 정도의 차이라면 상당히 효과적인 실험적 처치라 하기 어렵고, 통계적으로 의미 있는 결과도 나오기 어려울 것 같다. ③ 번과 ④ 번의 경우는 평균의 차이가 비교적 크게 나타나 있다는 점에서는 수용할 만하나, 표준편차가 지극히 어색한 수치를 보이고 있다. 표준편차 단위로 약 두 개만큼 평균 점수를 향상시키는 일이 일어났을 때 그 집단의 표준편차는 어떻게 될까? 전체적으로 점수가 올라간 만큼 그 집단은 성적이라는 면에서 동질적으로 될 것이다. 즉 개인차가 줄어들게 될 것이다. 따라서 이러한 경우에는 실험집단 점수의 표준편차는 비교집단의 그것보다 상당히 작아지는 것이 자연스럽다. 마지막 남은 ②가 정답이다. 여기서는 평균의 차이가 표준편차 단위로 보았을 때 적절하고, 또 실험집단의 표준편차가 비교집단에 비해 알맞게 줄어 있어 자연스러운 수치를 보인다.

지금까지 제시된 열 문제를 정상적으로 풀어낸 독자는 통계의 중요한 개념을 포착하고 있다고 볼 수 있다. 훨씬 더 복잡한 통계도 있겠고 더 어려운 문제도 얼마든지 있겠으나, 기본적인 개념만 잘 이해하고 있으면 필요에 따라 어려운 통계를 접할 때에도 큰 어려움 없이 대처할 수 있을 것이며, 수량적 접근에 의한 교육 연구를 무리 없이 수행할 수 있으리라고 생각된다.

이제 수량적 연구 방법의 핵심 부분에 도달했다. 아마 어려웠을 것이다. 이장의 내용을 한 번에 무난히 이해한 독자는 거의 없으리라 생각한다. 쉽게 설명하기 위해 많은 궁리를 하였고 나름대로 최선을 다했지만, 이 과제 자체가 무척 어려운 점도 있어, 독자가 느끼는 어려움은 불가피한 측면도 있을 것이다. 수학에 대한 취향도 정규분포를 나타낼 것이므로 독자 중에는 당연히 숫자를 싫어하는 이들도 많을 것이다. 그런데도 여기서 숫자를 들어 설명한 것은 분석 과정의 실체를 보이려 한 것이지, 계산하는 방법을 알리고자 한 것은 아니다. 행여 그 계산 방법을 안다고 자랑스러워 할 일도 아니다(가끔 노땅 교수 중에는 그런 분들도 있긴 하다).

이해가 잘 되지 않는 독자에게는 이장의 처음으로 돌아가 다시 읽기를 권한다. 다시 읽을 때 이런 점을 생각하자. 계산은 내가 하는 것이 아니라 컴퓨터가 하는 것이다. 그런데 컴퓨터에게 어떻게 일을 시켜야 하는지는 좀 알아야 한다. 연구 문제와 가설이 구체적으로 어떻게 구분되고 수치화되었는지를 파악하여야 하기 때문이다. 다음으로 컴퓨터는 그 일을 어떻게 하는지 대충은 설명할 수 있어야 한다. 그렇지 않으면 분석의 의미를 정확히 이해한 것이 아니기 때문이다. 마지막으로 이 작업의 결과를 가지고 어떻게 하는지를 알면 된다. 그래야만 논문에서 결과 해석과 논의를 정확히 할 수 있기 때문이다.

당장은 알쏭달쏭하더라도 여기까지 온 독자는 조금만 더 노력하면 그 이치를 완전히 이해할 수 있을 것이다. 그러면 세상이 참 많이 달리 보일 것이다. 여기까지 이해한 독자에게는 다음 장에서 다루어지는 타당도와 신뢰도의 내용이 조금도 어렵지 않을 것이다.

읽을거리 • • •

사회생활에서 파워를 키우는 방법

통계학에서 파워는 검증력으로 번역된다. 이것은 비교하는 집단 사이에 실제로 의미 있는 차이가 있을 가능성이다. 비교를 한다는 것은 기본적으로 무언가를 제공한 집단과 그렇지 않은 집단 사이에 결과의 차이가 있는지를 보는 것이다. 만일 그 결과의 차이가 나타난다면 제공해 준 그 무엇이 효과가 있다고 주장할 수 있겠다. 영어 파워란 말에는 힘, 영향력, 세도 등의 의미도 담겨 있다. 사회에서 그렇듯 연구의 세계에서도 파워가 크다는 것은 대부분 좋은 거다. 비교하는 집단 사이에서 차이를 검증할 수 있다는 것은 그것을 토대로 뭔가를 주장할 수 있다는 것을 의미하기 때문이다. 뭔가를 주장할 수 있다는 것은 사회적 의미의 파워란 말과 일맥상통한다. 우리는 통계적 검증에서 어떤 경우에 파워가 커지는지 알고 있다. 그것을 토대로, 어떻게 하면 사회생활에서 말하는 파워를 키울 수 있는지 유추해 볼 수도 있을 것이다.

통계적 검증에서 파워를 커지게 하는 조건은 다음과 같다.

1) 비교하는 집단 사이에 관찰된 수치의 차이가 커야 한다.

2) 사례수가 커야 한다.

3) 관찰된 수치의 오차가 작아야 한다.

4) 비교하는 집단의 수가 작아야 한다.

5) 영 가설 기각에 허용되는 오류의 크기(1종 오류 가능성)가 커야 한다.

첫 번째 조건은 주장하고자 하는 것이 얼마나 뚜렷이 나타나는 사실이냐 하는 문제다. 물론 사실이 아닌 것을 주장하려고 한다면 그것이 받아들여질 가능성은 작다. 우리 현실에서도 어떤 사람이 설득력 혹은 영향력을 갖기 위해서는 뚜렷이 나타나는 사실에 입각한 주장을 펴야 할 것이다. 둘째 조건은 다수의 지지를 받는 문제이다. 여러 사람들이 내 편이 될 때 그만큼 세도가 커지는 것은 당연하다. 셋째 조건은 일관성의 문제이다. 나의 주장에 서로 상반된 점이 없고 일관성을 유지할 때, 사람들은 나를 믿고 따를 것이다. 넷째 조건은 어떤 주장의 근거가 단순 명쾌할수록 강력한 효과가 있고, 여러 설명이나 조건의 장치를 포함하고 있을 때 파워가 떨어진다는 것을 시사한다. 끝으로, 다섯째 조건은 내가 주장하고자 하는 것이 얼마나 엄격한 잣대를 가지고 평가되는가의 문제이다. 너무 혹독한 잣대로 평가되면 그 주장의 영향력은 약해질 것이며, 관용적인 잣대로 평가될수록 그 영향력 혹은 설득력은 커진다.

통계적 검증에서 파워라는 개념은 어쩌면 일상생활을 통하여 생각해 보면 쉽게 이해될 수 있을지도 모른다. 역으로, 통계적인 파워의 개념이 일상생활에도 적용될 수 있을 때 그 사회가 합리적이란 생각도 든다.

연구 논문의 구성

연구논문은 앞에서 밝힌 바와 같이, 교육의 이론 형성에 기여하기 위한 글이다. 그 이론 형성에 기여하는 방법은 대부분의 경우 변인과 변인 사이의 인과관계를 가정하고, 이를 검증하는 과정으로 이루어진다. 이러한 특정 목적 때문에 연구 논문에서는 다른 글에 비해 엄격한 틀과 형식과 문체가 지켜져야 한다.

▮ 서론

논문의 서론에서는 관련 이론에 대한 일반적이고 포괄적인 언급으로부터 시작하여 점차 구체적인 연구 문제를 진술한다. 그렇게 함으로써, 최종적으로 이 연구가 어떻게 이론 형성에 기여할 수 있는가를 보일 수 있어야 한다. 구체적으로, 이를 다음의 요소로 나누어 보기로 하겠다.

연구의 목적

목적이란 이 논문이 이론의 어떤 영역을 다루고 있는지를 밝히는 곳이다. 이론은 여러 개의 유목과 하위 유목으로 이루어져 있다. 이를 나무에 비유해서 말한다면 연구의 목적이란 어떤 나무의 어떤 줄거리를, 그 중에서도 어떤 잔가지의 한 끝을 대상으로 연구를 수행할 것인지를 밝히는 것이다. 연구란 기본적으로 기존의 지식 체계의 어느 한 부분에 지식을 추가하거나 변형하는 것인데, 그 위치가 어디인가를 밝히는 곳이 곧 연구의 목적 부분이다.

배경 (필요성)

이곳에서는 연구의 목적에서 밝힌 탐구를 하는 이유, 또는 그 의미를 이론적인 견지에서 설명한다. 만일 이러한 설명을 싣지 않는다면 독자는 두 가지 종류의 의문에 빠질 것이다. 첫째는, 이 주제에 관한 연구가 없었는가 하는 문제이다. 이 주제에 대하여 아무도 연구한 바 없기 때문에 이 연구를 한다면 그것은 아무런 중요성도 없는 주제에 노력을 소비한다는 인상을 줄 것이다. 둘째는, 이 주제에 대한 연구가 이미 있는가 하는 문제이다. 선행 연구가 많음에도 불구하고 이 연구를 수행한다면 그것은 기존의 지식 체계에 아무런 새로운 지식을 첨가하지 않는다는 인상을 줄 것이다.

그렇다면, 이 자리에는 선행 연구 결과가 이론 형성과 관련하여 어떤 문제점이나 해명되지 않는 부분이 있다는 것을 보이고, 그것을(또는 그 일부를) 이 연구에서 규명하고자 한다는 말이 있어야 할 것이다.

연구 문제

앞에서 어떤 부분을 탐색할 것인지, 그리고 그 일을 왜 하는지를 밝힌 다음에는 구체적으로 연구 문제가 무엇인지를 진술한다. 연구 문제에서는 그러한 탐색을 위하여 어떤 변인을 다룰 것인지를 소개한다. 연구 문제는 변인과 변인 사이의 인과관계의 형식으로 진술하는 것이 보통이다. 예컨대 "선수학습은 학업성취도에 어떤 영향을 미치는가?"와 같은 형식으로 진술한다. 구체적으로 "그렇다" 또는 "아니다"로 대답될 수 있는 형태로 진술하는 것은 연구 문제의 단계에서는 피하는 것이 보통이며 이는 가설을 설정할 때 사용할 수 있는 형태의 진술 방법이다.

연구 문제의 진술에서 문제가 되는 것은 연구의 목적과의 관련성이다. 연구의 목적은 보다 포괄적으로 진술하고, 연구 문제는 좀 더 구체적으로 표현하지만, 양자는 서로 일관성을 가져야 한다.

진술의 형태도 중요하지만, 연구 문제를 설정할 때 중요하게 지켜져야 하는 몇 가지 원칙이 있다. 첫째, 이 연구 문제를 왜 탐구하여야 하느냐고 물었을 때 답할 수 있는 문제라야 한다. 그 답은 물론 현실적인 유용성이나 사람들의 선호도에 호소하는 것이 아닌, 이론의 어떤 부분에 어떤 기여를 할 수 있다는 내용이어야 한다. 둘째 원칙, 연구가 가능한 문제라야 한다는 것이다. 연구가 가능하다는 것은 가설을 수립하고 실험 환경을 만들어서 검증함으로써 그 답을 얻을 수 있는 것이라야 한다는 뜻이다. 예를 들어, "부모의 사랑을 받는 아동은 행복한가?"라는 문제가 있다고 하자. 검증을 통해서 이 문제에 대한 답을 얻기 위해는 사랑을 받는다는 것, 행복하다는 것 등에 대한 관찰 가능한 행동 지표가 정의되어야 한다. 즉, 검증을 위해 사랑, 행복이란 개념의 조작적 정의(Operational Definition)가 필요하다. 조작적 정의란 어떤 개념을 실험적 조작이 가능한 상태로 바꾸어 놓은 구체적인 정의를 말한다. 예를 들어, 많은 연구에서 학업성취도의 조작적 정의로 학기말 시험 점수를 택하고 있다. 그런데 사랑, 행복과 같은 개념은 누구나 납득할 수 있는 조작적 정의를 내리기 어렵다. 따라서 이 문제는 연구 문제로 적절치 않다. 셋째 원칙은 문제의 범위가 명확하고 충분히 좁혀져 있어야 한다는 것이다. 이 원칙을 무시하고 방대한 범위의 연구를 수행하는 것은 (깊이를 말하는 것이 아니다) 연구의 성격을 잘 모르는 데서 오는 것으로 여겨진다. 작은 하나를 철저하고 완벽하게 규명하여 큰 의미를 찾는 것이 연구자의 본모습이다.

이론적 배경

이 장에서는 관련 분야의 이론과 선행 연구 결과를 검토하고, 그것이 시사하는 바를 밝혀, 관련 변인을 도출하고, 최종적으로는 앞서의 서론에서 쓴 배경에 대한 타당성을 입증한다.

개념적 모형

이 자리에서는 관련 변인을 어떤 위치로 놓고 보는지를 밝히고 그 근거를 든다. 다시 말하여 변인 간의 인과관계를 논하는 곳이다.

용어의 정의

연구에서 사용되는 용어가 어떤 뜻으로 사용되었는지를 밝히는 곳이다. 이것은 두 가지 점에서 중요한 기능을 한다. 첫째, 용어의 애매성에서 올 수 있는 다의적 해석의 가능성을 줄일 수 있다. 용어의 정의에서는 고양이를 호랑이라고 정의할 수도 있다. 그러나 일단 그렇게 정의를 했으면 그 논문의 처음부터 끝까지 고양이는 호랑이가 되어야 한다. 용어의 정의는 이러한 일관성이 지켜진다는 것을 전제로 한다. 둘째, 추상적 용어를 실증적으로 조작 가능하게 변형하기 위한 근거가 된다. 예컨대 학업성취도는 실제로 관찰하고 계산하기 어려운 개념이므로 이를 학생의 학교 성적이라고 정의할 수 있다. 그렇게 되면, 독자에게는 학교 성적이 과연 학업성취도를 제대로 반영한 것인가에 대한 의문이 남을 수 있는 대신 연구자에게는 실험적 조작이 가능해진다는 유용성이 있다.

연구의 가정

가정은 연구에서 실증적으로 검증되지 않았던, 그러면서도 당연히 진인 것으로 간주되고 있는 전제를 말한다. 이러한 전제를 진술하는 것은 독자에게 자신의 결론의 타당성을 판정할 수 있는 내적 준거를 제공하는 역할을 한다. 예컨대 "가정환경의 제반 요소와 학업성취도와의 관계"에 관한 연구가 있다면, 거기에는 총체적인 환경으로부터 특정 요소를 분리하여 측정하고 분석하는 것이 가능하다는 가정이 잠재되어 있다.

가설

가설은 연구자가 내리는 잠정적 결론이다. 이것은 연구문제가 가지고 있는 추상성을 실증적으로(실험 상황에서) 조작할 수 있도록 구체적으로 번역한 것이라 할 수 있다. 따라서 가설은 구체적으로 연구자가 설정한 실험 환경을 포함하고, 그렇다 또는 아니다 형식으로 답해질 수 있는 형태를 갖추어야 한다. 이러한 가설을 검증함으로써 연구문제에 대한 답을 모색할 수 있다.

연구 방법

연구의 설계는 연구 문제와 가설에 명시된 변인들 간의 관계를 현실적으로 입증하는 방법을 밝힌다. 관찰된 사건의 원인과 결과를 현실적으로 깨끗이 밝혀내는 데에는 언제나 위험 요소가 따른다. 현실적 실험 상황에는 관련 변인 이외에도 무수히 많은 요인들이 개입하기 때문이다. 연구 방법은 여러 내적 타당도 저해 요인을 배제하고 변인 간의 인과성을 입증할 수 있는 구체적인 절차와 도구를 포함한다. 연구 방법을 쓸 때 연구자는 거리에서 우연히 만난 사람이 이 방법을 읽고 연구자에게 질문을 할 필요가 없이 똑같은 연구를 수행할 수 있어야 한다는 마음가짐으로 구체적이고 상세한 설명을 담아야 한다.

연구 도구

도구는 연구 변인에 대한 측정을 위해 개발한다. 측정에 있어서 문제시되는 것은 신뢰도와 타당도이다. 신뢰도는 측정하고자 하는 특성을 얼마나 일관성 있게 측정하는가 하는 문제이고, 타당도는 실제로 재고자 하는 특성을 재고 있는가에 관련된 문제이다. 이 두 가지 조건을 만족시키기 위하여 도구 개발은 매우 체계적인 과정을 거치지 않으면 안 된다. 어느 논문에서나 측정 도구가 사용되었을 경우 반드시 그 도구에 대한 타당도와 신뢰도 정보를 제공하여야 한다. 특히 연구에서 사용된 측정 도구의 신뢰도를 측정하는 절차를 빠뜨려선 안 된다. 비록 다른 연구에서 이미 보고된 신뢰도 정보가 있더라도, 대상이 달라지면 신뢰도도 변할 수 있으므로 반드시 연구에 참여한 이들을 대상으로 한 신뢰도 정보를 보고해야 한다. 이에 관한 상세한 설명은 다음 장에서 다룰 것이다.

표집 방법

표집은 연구 대상인 모집단으로부터 연구에 참여하는 인원을 선발하는 과정이다. 표집을 하기 위하여 신중한 절차가 필요한 이유는 그 표집이 모집단의 특성을 편파적으로 반영하는 경우(bias)가 생기지 않도록 막기 위해서이다. 연구에 참여할 인원을 선발하기 위해서는 어떤 인위적 조작도 가해지지 않는, 완전히 우연에 의존한 표집이 가장 이상적이다. 이런 무선 표집이 이루어졌을 때 연구의 결과를 해석하고 일반화하는 일이 쉬워진다. 그러나 현실적으로 그렇게 하는 것은 불가능한 경우가 많기 때문에 이러한 무선 표집과 가능한 한 흡사한 결과를 나타낼 수 있는 방법을 사용하게 되며, 이를 위하여 어떤 노력을 하였는지에 관한 정보를 제시하여야 한다.

데이터 수집

데이터 수집은 어떤 도구를 사용해서 어떤 특성을 측정

했으며, 그 결과 얻어진 수치는 어떤 특징을 보이는가 하는 정보를 말한다. 이것은 결과의 타당성을 판정하는 데 필요한 정보가 된다는 점, 그리고 그 연구를 되풀이할 때 필요한 정보를 상세히 제공한다는 점에서 중요성을 지닌다.

결과

결과 부분은 수집한 데이터를 분석하여 그것이 서론에서 설정했던 가설과 일치하는가를 판단하는 과정을 말한다. 결과에서는 여러 데이터 분석표가 제시될 것이고, 각 수치가 의미하는 것이 무엇인지를 설명하게 되는데, 여기에서는 결국 가설을 수용하게 된 것인지 아니면 기각하게 된 것인지를 판단하는 데서 그쳐야 한다. 이러한 결과에 의미를 부여하는 것은 다음 장 결론에서 할 일이다. 결과는 여러 점에서 결론과 다르지만 무엇보다도 시제가 다르다는 점을 기억하면 좋을 것이다. 결과는 이러이러하게 나왔다, 또는 다음과 같이 나타났다 등 과거 시제로 표현할 수밖에 없다. 그러나 결론은 대부분 현재 시제로 표현된다. 그 이유는 결론이란 과거에도, 현재에도, 또 미래에도 참이라고 믿어지는 성격을 갖기 때문이다.

결론

결론은 가설 검증 결과를 사용하여 연구 문제에 대한 해답을 도출하는 것을 말한다. 단순히 가설 검증 결과가 그대로 결론으로 이어지지는 않는다. 이론적 배경과 분석 결과 두 가지가 서로 연합되어야만 타당한 결론을 구할 수 있다. 그 결론은 궁극적으로 이론 형성에(지식 체계에 대한 변형이나 첨가) 기여하여야 할 것이다.

기타

제목

논문의 제목은 전체 논문을 한 줄로 요약한 것이다. 또한 제목은 연구자와 독자가 처음으로 만나는 장소라는 의미도 갖는다. 따라서 제목은 가장 중요한 요소를 가장 축약된 형태로 구성하여야 할 것이다. “무엇 무엇에 관한 연구"라는 형식으로 연구 제목을 정하는 경우를 적지 않게 보게 되는데, 책자만 보아도 당연히 연구라는 것을 모를 리 없는 터에 이런 식으로 언어를 낭비하는 것은 현명해 보이지 않는다. 대체로 제목에는 관련 이론의 큰 줄기와 대상이 된 변인이 나타나는 것이 바람직하다.

감사의 글

논문의 첫머리에는 감사의 글이 제시된다. 이곳에서는 논문을 쓰는 과정에서 학문적으로 도움을 준 이들의 이름을 제시하고 어떤 도움을 받았는지를 간단히 밝히면 된다. 흔히 이 자리에 연구자의 배우자나 자녀 또는 부모를 언급하는 경우가 있는데, 물심양면으로 도움이 되어 감사하다는 마음은 이해가 되나, 사실 이 자리는 학문적인 도움을 준 이의 이름을 밝히고 사의를 표하는 자리이다. 이것은 연구자로서 당연히 지녀야 할 태도이자 학문에 종사하는 이들 사이에서 지켜져야 할 예절이다. 최근 감사의 글이 아예 없는 논문이 점점 많아지고 있는데 이것은 논문의 의미가 제대로 알려지지 못한 때문에 생기는 일이라 생각된다. 학문을 하는 이들 사이에서 감사의 마음을 표현하는 방법은 봉투나 선물이 아니라 바로 논문의 앞에 글로써 표시하는 것이라는 점을 배워 두기 바란다.

논문의 문체

논문의 문체는 수식이나 화려함을 피하고 간결 정확함을

추구한다. 또 어려운 전문 용어를 설명 없이 사용해서는 안 된다. 논문의 독자는 교육학 분야에서 전공이 다른 교수, 즉 일반적으로 머리가 좋지만 그 분야의 전문지식을 갖추지 않은 사람으로 간주하여야 한다. 다음은 연구의 목적과 연구 문제를 소개하는 과정에서 논문에 어울리지 않는 내용이나 문체를 제시한 것인데 무엇이 잘못되었을지 설명 전에 한 번 생각해 보기 바란다.

<예 1>

연구문제

1) 한국의 교사를 대상으로 공학을 도입할 때 영향을 미치는 요인이 무엇인가?
2) 교수 전략의 일부로서 공학 도입의 목적에 대한 교사의 인식 정도는 어떠한가?

이 예는 연구 문제를 진술할 때 초심자들이 흔히 범할 수 있는 오류를 담고 있다. 첫 번째 연구 문제는 너무 방대하여 과학적 연구의 대상으로는 부적절하다. 예를 들어, 교육이란 무엇인가, 인생이란 무엇인가 하는 문제가 학문적 연구의 대상이 될 수 없듯이, 초점이 없고 무한한 다른 설명이 있을 수 있는 연구 문제는 적절하지도 않고, 여간해서는 받아들여지지도 않는다.

두 번째 연구 문제는 너무 단순하면서도 애매한 점이 있어 역시 연구 문제로서 부적절하다. 인식 정도라는 것은 그 존재에 대하여 알고 있다는 의미일 수도 있고, 그 좋고 나쁨에 대한 소견일 수도 있다. 그런 점에서 이 예는 논문의 문체로서 갖추어야 할 명확성을 결여하고 있다. 또 둘 중 어느 의미로 사용되었다 하더라도 이것은 연구 문제로서는 너무 단순하다 하겠다. 이 문제에 대한 답은 교사에게 직접적으로 물어봄으로써 구할 수 있다. 이런 일은 교육의 이론을 잘 파악하고 있는 연구자가 아니더라도, 설문조사를 할 수 있는 사람이면 누구나 할 수 있는 일이기 때문에 연구 문제로서의 가치가 낮은 것이다.

<예 2>

따라서 문제 해결 능력을 신장시킬 수 있는 질 높은 소프트웨어를 개발하기 위하여 과제 변인과 학습자 변인에 관련되어 CAI 프로그램에서 문제의 유형에 따른 문제의 제시 형태가 문제 해결에 어떤 영향을 미치는지에 관한 연구가 우선 수행되어야 한다고 본다.

위의 필요성에 기초하여 본 연구의 목적은 문제 해결 능력의 신장을 위한 CAI 프로그램의 개발에 관한 기초 자료를 마련하기 위하여, 컴퓨터 화면에 제시되는 문제의 유형, 문제 제시 형태가 문제 해결에 미치는 영향을 파악하는 데 있다.

위의 예에서는 교육 연구의 기본적인 취지에 대한 이해와, 객관성을 띠어야 하는 문체에 대한 문제가 다루어질 수 있다. 먼저, 연구의 목적에 접근하는 기반으로서 이 예에서는 소프트웨어 프로그램 개발을 들고 있다. 개발을 하기 위한 목적을 달성하자니 무엇과 무엇 사이의 관계를 파악할 필요가 생겼다는 논리이다. 그렇지만 서두에서 언급했듯이, 교육 연구는 일차적으로 이론의 한 작은 부분에 대해 기여함을 목적으로 한다. 현장 개선은 그 이후의 관심사이다. 따라서 연구의 목적은 이론의 어느 부분에 어떤 지식을 첨가하려 하는지를 설명하는 형태로 진술하여야 한다. 다음에 쓸 연구 문제에서는 이런 연구 목적에 따라 구체적으로 어떤 변인과 어떤 변인 사이의 관계를 묻는 형태로 진술하게 된다. 그런 점에서 볼 때, 이 예의 둘째 문장의 끝 부분은 연구의 목적이 아니라 연구 문제를 쓴 것이다. 이 예에서 연구의 목적 부분은 다음과 같이 고쳐질 수 있다.

본 연구는 문제 해결 학습의 CAI 프로그램 개발에 관련한 효과적인 화면 구성 방법을 탐색하기 위한 노력의 일환으로서, 학습 과제에 따른 차별적 화면 구성의 효과를 탐색하는 데 목적이 있다.

고친 예에서 눈 여겨 볼 점은 CAI 프로그램 개발을 목적의 위치에 두지 않고 연구의 범주로 취급한 점과, 연구에서 다루게 될 변인을 아직은 직접적으로 언급하지 않고 포괄적인 연구 영역으로서 소개하고 있는 점이다. 독자가 연구의 목적이라는 제목 하에서 기대하고 있는 것은 이 연구가 이 방면의 어떤 부분을 다루고 있는지에 관한 정보이다. 보다 구체적인 연구 변인은 연구 문제에서 제시하는 것이고, 또 더욱 구체적으로, 어떤 조작에 의하여 이 문제를 탐색하는지는 연구의 가설에서 제시되어야 한다.

연구의 목적에 대한 의식 외에도 이 예에는 또 하나의 문제가 있다. 그것은 첫 문장에 나타난 문체의 문제이다. 여기에서는 이러한 연구가 필요하다는 것을 연구자의 주관에 의해 주장하고 있는데 이러한 주장은 논문에서 받아들여지기 어렵다. 필요성을 입증하기 위해서는 객관적인 외부적 증거와, 이를 논리적으로 전개하는 일이 필요하다. 이러한 능력이 연구자의 학문적 소양을 말해 준다.

<예 3>

최근 들어 문제 해결력의 신장이 수학과의 중요 목표로서 대두되고 있다. 다양한 문제를 다양한 방법으로 해결하는 문제 해결 경험은 학생들에게 생소한 문제를 적절한 전략을 찾아서 해결할 수 있는 능력을 신장시켜 주며, 궁극적으로는 창조적인 인간으로 성장 (○○○, 1998)할 수 있게 해 준다.

이 예에서 주장하고 있는 내용은 그것이 맞는 가 틀리는 가 하는 문제를 떠나서 그 주장을 뒷받침하는 방법이 약하다 하겠다. 한 개인의 말을 인용했다 하여 그 주장이 정당화될 수 있는 것은 아니기 때문이다. 이 예의 첫 문장, 문

제 해결력의 신장이 수학과의 중요한 목표로서 대두되고 있다는 사실을 입증하기 위한 직접적이고 적절한 증거가 보이지 않는 점이 하나의 문제이고, 다음 문장에서 주장하고 있는 내용 또한 그 주장을 뒷받침할 수 있는 적절한 증거라기보다는 주관적인 주장을 인용한 듯한 인상을 준다. 앞의 예 2, 3과 이 예를 통하여 주장을 뒷받침하는 방법과, 객관적인 문체의 사용에 대하여 완전히 이해하기를 바란다.

<예 4>

특히 학습자의 개인 특성 변인에 관해서는 지금까지 선수학습 정도 등을 비롯한 지적인 측면에 초점을 맞춘 소수의 연구가 있었지만, 학습 동기, 학습 태도 그리고 통제 소재 등과 같은 정의적 측면에 대한 고려는 부족하다.

이 예는 연구의 필요성을 밝히는 부분에서 많은 연구자들이 공통적으로 범하는 잘못을 담고 있다. 여러 가지 다른 표현 방법이 있겠으나 여기에서 말하고 있는 것은 어떤 부분에 대한 연구가 잘 되어 있지 않기 때문에 그 부분의 연구가 필요하다는 것이다. 그러나 이런 식의 표현은 즉시 독자에게 나쁜 인상을 줄 것이다. 이 연구자가 선행 연구를 제대로 찾아보지 않았거나, 아니면 거의 아무도 거들떠보지 않는 주제를 탐구하고자 한다는 인상을 말한다. 어떤

주제에 대해 아무도 연구하지 않는다면 그것은 세상의 연구자들이 어리석기 때문이라기보다는 그 주제가 연구할 가치가 없기 때문이라고 보는 것이 현명할 것이다. 연구란 언제나 기존의 선행 연구로부터 출발하지 않으면 안 된다.

<예 5>

이상과 같은 연구의 필요성 및 목적에 근거하여 본 연구에서는 다음과 같은 연구 문제를 제기한다.

·연구문제 1 : 학습의 통제 소재는 CAI 프로그램을 통한 학습의 학업성취도에 어떤 영향을 미치는가?

·연구문제 2 : CAI 프로그램에 의한 학습에서 학습자 유형은 학업성취도에 어떤 영향을 미치는가?

·연구문제 3 : 통제 소재와 학습자 유형 사이에는 상호작용이 있는가? 있다면 그 상호작용 효과는 어떻게 나타나는가?

이 예에서 연구의 대상이 되는 변인은 두 개의 독립변인, 즉 통제 소재와 학습자 유형과 한 개의 종속변인, 즉 학업성취도이다. 연구 문제 3에서 상호작용의 효과를 언급한 것으로 보아 이것은 세 변인 사이의 관계를 탐구한 연구이고 연구 문제는 셋이 아니라 하나이다. 연구자들은 이런 경우에 연구 문제를 여러 개로 나누려는 경향이 있는데 이것은 아마도 연구 문제를 하나만 쓰는 것에 대하여 불안하게 생각하기 때문일 것이다. 물론 차후의 설명의 편의를 위하여 연구 문제를 부분별로 나누어 쓰는 경우가 없지는 않지만, 연구 문제가 하나라 하여 흠이 될 수는 없다. 특히 이 경우는 상호작용이 존재할 경우 연구 문제 1과 2의 의미가 없어지므로, 이와 같이 나누어 쓰는 것은 독자나 때로는 연구자 자신에게 잘못된 인식을 줄 가능성이 있다. 따라서 이 연구 문제는 다음과 같이 고치는 것이 좋을 것이다.

CAI 프로그램에 의한 학습에서 통제의 소재와 학습자 유형은 학업성취도에 어떻게 작용하는가?

단순하면서도 명쾌하기는 어렵지만, 만일 그렇게 할 수만 있다면 그것이 최선의 논문 문체이다. 그러나 이 경우를 제외하고, 일반적으로 길고 자세한 것은 차선이지만 안전하기는 하다.

··· 쉬어가기

유머와 위트에 대하여

우리가 유머에 대해 이야기할 때, 그 유머라는 말은 실은 유머와 위트 두 가지를 포함한다. 두 가지 다 웃음과 관련이 있다는 점에서 사람들은 이 둘을 별로 구분하지 않는 것 같다. 그러나 사실 이 둘 사이에는 큰 차이가 있고, 관점에 따라서는 서로 반대되는 것이라고 할 수도 있다.

위트는 순발력을 필요로 하며, 주어진 상황이나 패턴을 짧은 시간 내에 파악하여 적응함으로써 만들어질 수 있다. 이것은 흔히 상대방을 공격하거나 상대의 공격에 대한 자기 방어용으로 쓰인다. 이것이 웃음과 연결되는 이유는 대부분 상대에 대한 순간적인 자기 우월성의 발견 때문이다.

반면에 유머는 인간의 삶에 대한 깊이 있는 이해를 필요로 하며, 인간의 모습이나 그가 보이는 약점에까지 따스한 눈길을 줄 때 만들어질 수 있다. 그러므로 유머는 대립이 아닌, 포용과 위로의 목적에 잘 부합한다. 유머는 웃게 한다기보다 미소 짓게 하는 경우가 많다. 그 미소는 나에게도, 우리에게도 이런 일면이 있다는 것을 깨닫게 되는 데서 올 때가 많다.

내가 본 위트와 유머의 예를 들어 보겠다. 먼저 위트의 예다. 이것은 리더스 다이제스트, 웃음은 명약(**Laughter the Best Medicine**) 코너에서 본 것인데 너무 오래되어 연도는 기억나지 않는다.

▪ ▪ ▪ 쉬어가기

도시의 한 번잡한 술집에 혼자 와 있던 젊은 남자에게 건너편 테이블에 역시 혼자 앉아 있는 한 금발의 미인이 눈에 확 들어왔다. 눈이 마주치자 아가씨가 가볍게 윙크했다. 남자는 일어서서 아가씨 곁으로 갔다. 그리고 혹시 자기가 술을 한 잔 사도 되겠냐고 물었다. 아가씨가 갑자기 큰 소리로 외쳤다.

"뭐라구요, 모텔로 가자구요?"

그 술집 안에 있던 모두에게 들릴 정도로 큰 소리였다. 사람들은 분개한 눈초리를 남자에게 주었고, 남자는 얼굴이 벌개져서 찍소리도 못하고 자기 자리로 돌아왔다. 잠시 후 여자가 찾아왔다. 자신은 심리학과 대학원 학생인데 남자가 난처한 경우에 처하면 어떻게 행동하는지 조사하는 중이었다며 미안하다고 했다. 이 말을 듣고 남자가 꽥 소리를 질렀다.

"뭐요, 100 달러라구요?"

다음으로 유머의 예를 들겠다. 이것은 나 자신의 경험담이다.

유학을 갔다 와서 회사에 취직했다. 시간이 지나면서 동료들의 경조사에 참석하는 경우가 많아졌다. 주로 결혼식과 상가에 참석하는 일이었다. 나는 시골에서 살아 본 적이 없었기 때문에 이런 종류의 문화에 대해서 아는 것이 별로 없었다. 그래서 불편할 때가 많았다. 결혼식에 가서는 부조금 내고 방명록에 서명하고 난 다음 어떻게 처신하여야 하는지 몰라 어색하고 불편한 시간을 보내곤 했다. 상가에서의 불편은 더 심각했다. 여기서는 향을 올린 다음 상주와 맞절을 한 후, 이야기를 나누는 소위 문상

이라는 것을 해야 한다. 그런데

▪ ▪ ▪ 쉬어가기

뭐라고 해야 하는가 말이다. 문헌을 참고하기도 했다. "이럴 때 이런 말"이라는. 여기엔 이렇게 말하라고 나와 있었다.

"졸지에 상을 당하시니 황망하여 어떻게 위로의 말씀 드려야 할지 모르겠습니다."

세상에, 실제로 그런 상황에서 그렇게 말하는 사람이 있겠는가, 이렇게 어색한 말을 어떻게 한단 말인가? 그건 도움이 안 되었다.

나는 이 문제를 내 동료이자 절친한 친구에게 말하였다. 그는 시골 깡촌 출신으로 교사를 거쳐 이 직장으로 온 사람이었다. 그는 너무나 명쾌하게 내 고민을 해결해 주었다.

먼저, 결혼식장에서, 부조금 내고 바로 식사하는 곳이 어딘지 물어서 식사하고 집에 가라. 좋은 일이기 때문에 그렇게 해도 된다. 아무 문제도 생기지 않는다. 다음, 상가에서, 상가에서 그러면 큰 일 난다. 향불 피우고 맞절하라. 그리고 얼굴 맞대고 말을 나누어야 한다. 이 때 하지 말아야 할 말이 있다. 언제 돌아가셨어요? 어떻게 돌아가셨어요? 어휴, 고생 많으셨겠네요 등. 이런 말은 극도로 피곤한 상주를 더욱 피곤하게 하고, 슬픔을 재차 끄집어내는 것과 같다. 그럼 뭐라고 말하는가? 잘 들어라.

▪ ▪ ▪ 쉬어가기

"얼마나, 음음음음……"

몇 주일 후 바로 상가에 갈 일이 생겼다. 잘 아는 노교수께서 모친상을 당하신 것이다. 배운 걸 써먹어야지 생각하니까 어쩐지 웃음이 났다. 그러나 맞절을 하고 능청스럽게 말했다.

"얼마나, 음음음음……"

대답이 이렇게 돌아왔다.

"아이구, 음음음음……"

어렸을 때는 위트가 더 좋아 보였다. 주위에 위트 있는 사람들이 부러웠다. 이상의 수필 '권태'에 이런 구절이 있다.

"도둑에게는 이곳은 도둑이 도심을 도둑맞기 쉬운 위험한 곳이다."

이 재치 있는 글 솜씨에 매료되었었다. 그리고 나도 이런 재능이 있었으면 좋겠다고 생각했었다. 그러나 나이가 들수록 유머의 가치가 크게 느껴진다.

나는 유머를 구사할 능력은 없지만, 그 가치를 알게 된, 그나마 많지 않은 사람 중 하나이다. 위트는 인생을 사는 데 가끔 필요한 재주이지만 유머는 인생에 대한 태도에 가깝다. 위트는 노력에 의해 연마할 수 있지만 유머는 인생에 대해 이해하고 거기에 따뜻한 눈길을 줄 수 있는, 축적된 내공이 있어야 만들어질 수 있다. 아쉽게도, 이런 것을 깨닫고 나니, 나는 노력에 의해 유머를 구사할 수 있는 나이가 지나버린 것 같다.

▪ ▪ ▪ 쉬어가기

논문에도 유머와 위트가 존재한다. 물론 논문의 형식을 철저히 지키면서 말이다. 이런 창의적인 부분이 논문 읽는 재미를 더해준다. 여기에서도 앞에 든 유머와 위트의 특성이 그대로 적용

된다. 논문에서의 위트는 주로 다른 입장의 연구 결과에 대한 공격이나 자신의 입장에 대한 수비용으로 가장 많이 사용된다. 냉철한 이성의 매력을 갖고 있으며, 종종 통쾌감을 준다. 또 직접적으로 언급하지는 않지만, 냉소적인 여운을 남기는 경우가 많다.

논문에 사용된 유머는 반대자의 입장에 대해 적대적인 태도가 아니라, 이해하고 포용하는 자세, 혹은 자신도 유사한 문제로 고민하고 있음 등을 간접적으로 표현하는 형태로 나타난다.

나이 들면서 위트보다는 유머 쪽을 더 좋아하게 되는 것은 어쩌면 연구 능력이 떨어져서 타협적인 태도를 취하려는 경향 때문이라고 생각할 수도 있겠다. 그러나 어쩌면 인생이나 연구의 본질에 대해 보다 충실히 이해하게 된 때문일 수도 있다. 이에 대한 판단은 독자가 나이 들어 해 주기 바란다.

▸ ▸ ▸ 보조설명

문제의 제기란

논문의 서론 부분에서 가장 중요한 과제는 문제의 제기이다. 문제의 제기는 연구에서 다루어지는 주제에 정당성을 부여하는 중요한 절차이다. 서론의 배경 부분에서 다루어지는 경우도 있으나, 논문을 싣는 기관에 따라서는 서론 부분에 문제의 제기라는 항목을 따로 두도록 명시하기기도 한다. 어떤 독자는 문제의 제기가 무엇인가 의아할 것이다. 심지어 이런 것을 꼭 써야 하나 하는, 내키지 않는 마음이 들 수도 있다. 우리가 일상생활에서 가장 흔히 접하는 문제의 제기란 시위대들에게서 나오는 것이다. 이들은 모두 뭔가를 주장하는데, 그 배후에는 언제나 문제의 제기가 있다. 그것은 공통적으로 현재 상태가 정의롭지 못하다든가, 사는 데 만족스럽지 못한 면이 있다는 인식을 포함하고 있다. 그리고 그 문제를 해소하기 위해 갈등과 투쟁을 발생시킨다.

우리가 경험한 문제의 제기란 이런 것이었다. 그래서 논문에서 문제의 제기라는 것을 작성할 때 내키지 않는 마음이 든 것이었으리라. 그러나 이런 반응은 논문에서 문제의 제기가 무엇인지 알지 못하기 때문에 나타나는 것이다. 잘 알지 못하는 상태에서, 대부분의 학생들이 작성하는 문제의 제기 형태는 대체로 다음 세 가지 중 하나이다.

첫째, 교육 현장에서 얻어지는 고충, 교육 개선을 위한 배려 등에 호소하는 것이다. 예를 들어, 우리나라의 사교육비가 정도 이상으로 소요되고 있는 것이 문제라는 전제 아래, 이를 해소하기 위한 방안을 모색하겠다는 식의 전개를 하는 것이다. 이것이 논문에서 문제의 제기에서 문제란 말을 이해한 한 가지 방법이었다. 그러나 실은 교육 연구 논문에서 문제란 이런 것이 아니다. 더욱이, 교육 연구란 이런 일을 위하여 하는 것이 아니라는 것을 이미 책의 앞부분에서 밝힌 바 있다. 이런 현실적인 일에 궁극적인 관심이 있다 하더라도, 연구는 보다 직접적으로, 이 일을 위한 지식 체계를 수립하는 일에 목적을 두어야 한다.

둘째, 연구에서 문제의 제기란 아무래도 현실적인 것과는 달라야 할 것 같다는 생각에, 문제라는 것을 선행 연구에서 찾고자 노력하는 사람도 있다. 그들은 주로 선행 연구를 조사하여, 연구되지 않은 영역을 제시하고, 이것이 문제라고 주장한다. 관련 내용에 관한 연구를 소개하다가, 어느 부분이 연구되지 않았기 때문에 그 부분에 관한 연구가 필요하다고 주장하는 것이다. 이 또한 초보자들이 빠지기 쉬운 함정이라는 것을 앞에서 밝힌 바 있다.

셋째, 위 두 생각이 모두 부족한 점이 있다고 보고, 고민 끝에 생각해 낸 방안으로, 주제와 관련된 내용과 이슈를 소개한 후, "따라서 다음과 같은 문제가 제기된다" 하며 연구 문제를 제시하는 형식이다. 그 의도는 이렇다. 관련된 선행 연구의 내용과 이슈를 소개하는 것은 이 주제의 중요성을 알아 달라는, 그리고 거기서도 다루어졌던 문제들이니 이 논문에서 같은 문제를 제기하는 데 반대하지 말라는 의미이다. 그러나 그 앞길이 평탄하지만은 않을 것이다. 무엇보다도, 이런 방식을 사용하는 사람들에게 지적할 것은, '문제의 제기'와 '연구 문제'에서 사용된 문제라는 용어가 각각 다른 뜻이라는 점이다. 전자는 영어로 Problem이다. 어떤 기준에 못 미치는 상태, 만족스럽지 못한 상태를 나타내는 말이다. 후자는 Question이다. 연구 문제란 질문의 형태로 주어지며, 그 질문에 대한 대답을 모색함으로써 연구의 목표를 달성할 수 있도록 하는 것이다. 결국 이 접근을 택한 연구자는 동음이의어를 같은 말로 잘못 생각한 것이다. 그것 이외에도 이 접근은 연구의 필요성을 구체적으로 제시하지 못하고, 그 정당성의 확립을 슬며시 외부적 권위에 의탁하고자 한 허물이 있다. 그리고도 또 한 가지 치명적인 감점 요인이 있는데, 그것은 조금 나중에 설명하겠다.

문제의 제기에서 문제란 분명 현재 만족스럽지 못한 상태를 말하는 것이 맞다. 그런데 어떤 종류의 만족스럽지 못한 상태를 말하는가? 그 실마리는 언제나 이론에 있다. 즉, 논문에서 문제의 제기란 나와 내 동료들이 공유하고 있는 이론에서 만족스럽지 못한 부분을 지적하는 것이다.

이 책에서 이론에 대해 여러 방법으로 설명을 시도하였는데, 가장 짧게 요약된 것을 들자면, 현상에 대한 "구체적이고 내적으로 일치된 설명"이 이론이라 하겠다. 이 설명에 근거해서 말하자면 이론에서 문제란 현상을 설명하는 데 구체성이 떨어지거나 내적 일관성이 결여된 부분을 말한다. 예를 들어, 어떤 이론이 특정 부분에서 연구의 증거가 불충분하다면 현상에 대한 구체적인 설명을 제공하기 어렵다는 문제가 지적될 수 있을 것이며, 선행 연구와 유사한 연구가 누적될 필요가 있음을 뒷받침하는 근거가 될 것이다. 만일 선행 연구 결과가 현상에 대한 각각 다른 해석을 뒷받침하는 것이라면, 이것은 이론의 내적 일관성이 문제가 될 것이며, 이런 경우 이론이 가지고 있던 전제 또는 가정의 타당성을 재검토하는 연구가 필요하다는 것을 뜻할 것이다. 문제의 제기가 무엇이며, 어떤 역할을 하는 것인지 이해한다면, 좋은 논문을 쓸 수 있는 기본기가 마련된 셈이다.

이와 관련하여 알아 두어야 하는 것이 두 가지 더 있다. 이론의 문제를 지적했다 하여 그 모든 것을 내가 해결해야 한다고 생각하는 것은 또한 연구의 성격을 잘 이해하지 못한 데서 오는 것이다. 시계의 분침이 모든 역할을 혼자 다 하겠다고 하면 어떤 일이 생길까? 그것은 시계라는 시스템에 도움이 되지 않을 것이다. 연구는 여러 사람이 협력하여 이론의 개선이라는 목적을 향해 가는 시스템적 성격을 갖는다. 연구를 위한 역할 분담을 해주는 사람은 아무도 없지만, 이 시스템 속에서 연구자들은 각자의 역할을 담당하여 조그맣지만 확실한 기여를 하며, 그런 것들이 모여서 이론은 끊임없이 개선되어 간다. 이런 연구의 시스템적 성격을 이해한다면, 연구의 범주를 충분히 좁히고. 그 속에서 충분히 구체적인 지식을 생산해 내는 것이 좋은 연구라는 것을 알 수 있을 것이다.

끝으로, 이론의 아주 작은 부분을 다루는 것이 연구라 할지라도 그 이론 자체는 연구자의 것이어야 한다는 점을 강조한다. 위에서 소개한 문제의 제기의 셋째 접근이 갖는 치명적인 감점 요인이란 바로 연구에서 다루고 있는 이론이 연구자 자신의 것이라는 증거가 보이지 않고, 다른 데서 빌려 온 것이란 인상을 준다는 것이다. 이론이 연구자의 것이어야 한다는 것은 배타적인 자기만의 이론을 가져야 한다는 의미가 아니다. 연구자는 아무리 작은 부분을 다룬다 하더라도, 자신이 다루고 있는 이론의 전모를 파악하고 있어야 한다는 의미이다. 이론을 건물에 비유한다면, 건물주의 판단에 따라 조그만 방 열쇠를 바꾸는 작업을 할 수도 있고, 화장실 청소를 할 수도 있다. 그러나 그 건물이 자기의 것이 아니라 남의 것이라면 그 행위의 가치는 퍽이나 달라진다. 이해가 가는지? 앞에서 한 소리를 자꾸 또 한다고 해서 짜증내는 독자가 있다면 진심으로 사과한다. 그리고 그들의 성취를 기원한다. 그럴 소양은 충분히 있으므로.

읽을거리 • • •

학위 취득 과정의 애환

박사나 석사학위를 취득하는 과정은 긴 드라마와도 같다. 특히 막바지에 이르게 되면 고통과 희열이 몇 번씩 반복되는 클라이맥스가 준비되어 있다. 사람마다 비교적 순탄하게 이 고비를 넘기는 경우가 있는가 하면, 아주 많이 몸과 마음의 고생을 겪고 지나는 경우도 있다. 정도의 차이는 있지만, 어떤 경우든 많은 심리적 갈등을 겪게 된다는 점에는 예외가 없다.

나는 어느 편인가 하면, 비교적 어렵게 이 관문을 통과한 부류에 속한다. 처음에는 논문을 명쾌하게 작성하지 못해서 여러 심사위원들에게 많은 지적을 받았다. 다음에는 빨리 끝내기 위해 너무 서두른 것이 나쁜 인상을 주었던 탓인지 심사위원들 중 그다지 호의적인 반응을 보이지 않은 이가 있어 나는 불안에 떨었다. 마지막 마음 고생은 심사위원들 사이에 의견이 서로 달라 어떻게 처신해야 하는지의 갈등이 주요 원인이었다.

첫 번째 단계에서는 나의 학문적 자부심이 무너지는 경험과 거기에 따른 아픔이 있었다. 예를 들어 나는 이런 글을 썼었다.

"연구를 통해 이러한 차이를 탐색하고자 했던 노력은 거의 모두 실패로 끝났다."

(Research efforts to investigate such differences mostly ended up with failure.)

이 글은 즉시 비판을 받았다. 차이가 없다는 것을 밝힌 연구를 실패한 연구라고 보느냐는 것이었다. 그것은 연구에 관한 나의 미성숙한 관점이 그대로 드러난 사례였다. 나는 너무 부끄러워 몸둘 바를 모를 정도였다.

어떤 심사위원은 내가 검토를 요청한 논문을 읽은 후 결코 그것을 돌려주는 법이 없었다. 검토 의견을 줄 때는 논문 위에 적은 코멘트 내용을 꼭 말로 불러 주었다. 한 번 빈손으로 갔다가 심히 불편을 겪은 일이 있은 다음부터 그 분을 만나러 갈 때면 받아 적을 논문 사본 한 부를 따로 복사해 가지 않으면 안 되었다. 왜 검토 의견을 적은 사본을 그대로 돌려주지 않는지 그 이유를 나는 몇 년간 알지 못하였다. 졸업 후 나 자신이 논문 심사를 하기도 하고, 대학원에서 교육연구법 강의를 하기도 하면서 논문에서 잘못된 대표적인 예를 발견하게 되면 눈이 반짝 뜨이는 것을 경험했다. 그것을 나에게 배우는 학생들에게 소개해 준다면 이해시키는 데 큰 도움이 될 것으로 생각하기 때문이었다. 갑자기 전류처럼 짜릿하고 확실하게 와 닿는 생각이 있었다. 몇 년 전 그 교수가 왜 내 논문을 돌려주지 않았는지가 이해되었다. 그는 나의 논문에서 탐스러운 잘못된 예를 여러 개 발견하고, 그것을 자신의 수업에 써먹고 싶었던 것이리라.

두 번째 단계의 나의 심리상태는 불안으로 표현될 수 있었던 것 같다. 학위 취득은 나의 학문적 능력의 결과라는 확신이 차츰 없어지면서, 교수들의 눈치를 살피는 일이 많아졌다. 지도교수도 형편이 괜찮을 때는 희망적인 말을 많이 해 주었다. 앞으로 할 일에 대해서, “우리(We)”는 이제 이러이러한 일을 하면 될 것이라는 식으로 얘기하지만, 다른 심사위원이 상당히 많은 수정을 요구한 경우에는 비겁하게도(?) “너(You)"는 이러이러한 일을 해야 될 것이라고 얘기함으로써 자신은 쏙 빠졌다. 주어가 복수형에서 단수형으로 바뀐 작은 이 변화에도 내 가슴은 새가슴이 되곤 했다.

세 번째 단계는 명백히 학문적인 것과는 거리가 있는 시기였다. 이때는 나를 괴롭히는 심사위원들에 대해 불평, 불만이 형성되어 있기도 하려니와 심사위원들 사이에 서로 다른 의견이 생겨 처신에 어려움을 느끼는 때였다. 한 사람 편을 들어 다른 사람을 공격하는 것은 위험할 뿐 아니라 학생의 태도도 아니다. 또 어떤 지적은 아무리 생각해도 받아들이기 어려운 비합리적인 것이었다. 자연 나는 내 불만을 주위에 털어놓기 시작했다. 나보다 먼저 졸업한 한 여학생이 내 문제에 대단한 흥미를 갖고 들어주었다. 그 이유는 자신도 똑같은 불만을 경험했기 때문이었다. 그 여학생은 과거 자신이 그런 불평을 했을 때 어떤 선배가 해준 말을 내게 들려주었다.

Do you want to be right, or do you want to graduate?

이 말은 너무나 명쾌하게 내가 처한 입장과 해야 할 바를 시사하고 있었고, 나는 졸업을 위하여 불만을 접고 열심히 노력할 수 있었다. 그 후 어떻게 갈등 상황이 해소되었는지는 기억나지 않는다. 어쨌든 나는 일정량의 마음고생을 겪으며 졸업할 수 있었다. 학위 논문을 둘러싸고 일어나는 일들은 학문적인 것만은 아니고 인간적인 일들이 상당 부분 개입된다는 것을 뒤늦게 비로소 알게 되었다.

신기하게도 학위 과정에 있는 학생들은 지도교수나 심사위원들이 원하는 것과 정확히 반대로 행동하는 경우가 많다. 그 때문에 불필요한 몸과 마음의 고생을 하게 된다.

교수들은 논문을 쓰는 학생이 사전에 자신과 의논하기를 원한다.

어떤 학생들은 논문을 다 쓴 후에 교수에게 검토를 받는 것이 예의라고 생각하는 것 같다. 그러나 사실은 그와 반대이다. 주제를 정하는 일, 실험 방법을 확정하는 일 등은 모두 사전에 지도교수 및 심사위원(또는 심사위원 후보)과 사전에 상의를 거쳐 두어야 한다. 그렇게 하지 않으면 모든 것을 처음부터 다시 시작하여야 하는 일이 생길 가능성도 크고 또 교수들의 심리적 거부감을 유발할 가능성도 생긴다. 학생들이 사전에 의논하지 않는 이유 중의 하나는 논문의 주제를 정하는 정상적인 과정을 밟지 않는 데 있을 수 있다. 논문의 주제는 이론의 체계 속에서 논리적인 추리를 거쳐 정해져야 하는데 연구 방법을 먼저 정해 놓고 거꾸로 주제를 끼워 맞추려 하는 사람들을 적지 않게 볼 수 있다. 예를 들어, 나는 변량분석을 하는 연구를 하고 싶으니까 그런 방법을 쓸 수 있는 연구 주제를 찾아야지, 또는 나에게 마침 이런 데이터가 있으니까 이것을 써먹을 수 있는 주제는 무엇일까 등으로 머리를 굴리는 것이다. 이런 사람들은 대체로 연구 방법이나 데이터 분석까지 끝난 상태에서 교수에게 의논하러 가는 경향이 있다. 그럼으로써 이들은 상당한 시간과 노력을 절약할 것으로 기대한다. 그러나 그것은 지구상에 학위논문이란 제도가 존재한 이후 변함없이 가장 위험한 방법이라는 점을 잊지 말아야 한다.

교수들은 학생이 말로 상의하는 것보다 종이에 적어 와서 의논하는 것을 좋아한다.

논문에 관한 의논을 할 때 단지 말로 의논하게 되면 십중팔구는 상대방의 말을 서로 다른 의미로 받아들이게 된다. 뿐만 아니라 자신의 표현 방법에 중대한 결함이 있을 경우에도 언어적으로는 교정을 받을 수 있는 기회가 거의 없다. 자신이 생각하는 것을 글로 적어서 그것을 보며 의논하게 되면 보다 분명한 의사소통이 될 수 있다는 장점이 있고 또 이 문제를 심각하게 고려하고 있다는 인상을 심어 줄 수도 있다.

교수들은 학생이 스스로 문제를 해결해 가기를 원한다.

학위라는 것은 기본적으로 이 학생이 지도교수의 도움이 없이도 스스로 연구를 수행할 수 있다는 의미로 주어지는 것이다. 연구의 진행에 어려움이 있을 때 스스로 자료를 찾고 해결책을 모색하는 모습을 보여 주지 못한다면 그 학생은 혹 학위를 취득한다 할지라도 사실은 실력에 의존한 것이 아니라 타인의 자비에 의존한 것이다. 모든 세부에 있어서 다 그렇게 할 수는 없겠지만, 기본적으로 교수에게 의논하는 언어는 “어떻게 할까요”가 아니라 “이렇게 하면 어떨까요”가 되어야 한다.

교수들은 자신의 영향의 증거를 보고 싶어 한다.

이것은 학위 취득 과정에서의 심리적인 측면이기도 하고, 교수에 대한 인간적인 배려이기도 하다. 교수는 학생을 지도하는 과정에서 격려, 배려 등의 보상을 제공하게 되는데 교수에게 학생이 줄 수 있는 유일한 보상은 그 영향이 학생의 논문에 반영되는 것이다. 따라서 교수의 지적은 비록 사소한 것이라 하더라도 충실히 반영하여야 하며, 비록 자신이 옳다고 생각되더라도 불평하기에 앞서 교수의 지적을 적절하게 반영하는 방법을 생각해 볼 일이다.

교수도 한때는 학생으로서 고생해가면서, 상처받아 가면서, 학위 논문을 작성하고 졸업한 경험이 있을 것이다. 이들은 학생이 무엇을 원하는지 누구보다도 잘 알련만, 이상하게도 그것들은 쉽게 잊는 모양이다.

학생들은 교수가 필요할 때 자기 곁에 있어 주기를 원한다.

학위 논문의 막바지에서 지도교수나 심사위원이 필요할 때 없는 경우의 곤혹스러움은 겪어 본 사람만이 안다. "아, 미리 미리 의논해 둘걸" 하는 생각이 그제야 들게 된다. 교수들도 그런 사정을 모를 리 없지만, 학생이 꼭 필요할 때 시간을 내 줄 수 있는 확률은 아주 낮다.

학생들은 교수가 논문 지도를 할 때 아주 구체적으로 해줄 것을 원한다.

"이 부분은 좀 보완해야 되겠어." 이런 말은 학생에게는 악몽에 가깝다는 것을 왜 모르는지.

학생들은 교수가 자신이 잘못한 점만 말고 잘한 점도 알려 주기를 원한다.

이것은 교수들이 가장 쉽게 잊어버리는 사실이라고 보인다. 아무리 완벽에 가까운 논문도 교수들은 그 결함을 지적하는 데에만 신경을 쓰고 칭찬에는 인색하다. 그 직업은 그렇게 되도록 되어 있는지 모르지만, 아무래도 이것은 학생 측에서 포기해야 할 일인 것 같다.

학위를 취득한다는 것은 학문적인 것에서부터 종합적인 마음고생에까지 이르는 풀 코스의 과정이다. 한 가지 아쉬운 것은 이런 과정을 겪어 낸 학위 취득자에 대한 사회적 대접이 그다지 만족스럽지 못하다는 점이다.

타당도와 신뢰도

타당도와 신뢰도는 검사 도구가 피검사자의 심리적 특성을 얼마나 정확히 반영할 수 있는지에 관한 정보이다. 그런데 타당도란 말은 연구 설계의 장면에서 사용하기도 한다. 연구 설계에서 타당도는 내적 타당도와 외적 타당도를 대비하는 목적에서 주로 사용된다. 내적 타당도란 연구 설계를 통해 얻은 결론이 자체적으로 정당한가의 문제이고, 외적 타당도는 그 결론이 외적으로 얼마나 널리 적용될 수 있는가의 문제이다.

이 두 용어에 관한 논의는 보통, 내적 타당도를 유지하기 위해 고도의 인위적인 기법을 사용하다 보면, 실험 환경이 현실과 멀어지기 때문에, 거기에서 얻어지는 결론의 일반화 가능성, 즉 외적 타당도에 나쁜 영향을 주기 때문에 이 두 가지를 모두 만족하기는 어렵다, 그래서 연구 설계가 어렵다는 결론으로 귀결된다.

이 책에서는 두 개념을 비교하는 것이 현실적으로 별 의미가 없다고 판단하여 그냥 넘어갔지만, 이를 중요시하는 학자도 많다. 독자는 타당성이라는 말이 이와 같이 다른 의미로 쓰일 수도 있다는 것을 알기 바란다.

측정이란 실험 대상의 어떤 심리적 특성에 수치를 부여하는 일로 정의된다. 측정 도구는 의견이나 사실을 묻는 질문지와는 달리, 높은 점수와 낮은 점수를 갖는 개인을 변별할 수 있어야 한다. 그렇다면 당연히 좋은 측정 도구와 나쁜 측정 도구가 있을 수 있겠는데, 이를 나타내는 척도가 타당도와 신뢰도이다. 타당도는 측정하여야 할 것을 제대로 측정하고 있는가의 문제이고, 신뢰도는 측정의 결과가 얼마나 일관된 수치로 나타나는가의 문제이다.

예를 들어 초등학교 수학 능력을 측정하는 도구에 쓰인 문제가 너무 어려운 말로 구성되어 있다면, 그것은 수학 능력을 측정하는 것이 아니라 언어 능력을 측정하는 결과가 될 것이다. 이것은 타당도의 문제이다. 또 같은 대상에 대한 측정 결과가 잴 때마다 다르게 나타난다면 그 결과를 믿기 어려울 것이다. 이것은 신뢰도의 문제이다.

어느 연구에서나 그 연구에 사용된 측정 도구의 신뢰도와 타당도 정보를 제공하는 것이 원칙이다. 그것은 독자에게 결과의 해석을 위한 정보를 주는 일이다.

신뢰도가 높으면서 타당도가 낮은 측정 도구는 있을 수 있다. 엉뚱한 것을 재면서도 일정한 수치를 낼 수는 있기 때문이다. 그러나 신뢰도가 낮으면서 타당도가 높은 일은 있을 수 없다. 신뢰도가 낮다는 것은 그만큼 타당도가 낮다는 것을 의미한다. 따라서 타당도는 신뢰도보다 클 수 없다. 타당도가 높다는 것은 신뢰도도 높다는 뜻을 포함한다. 그렇다면 신뢰도는 왜 필요한가 하는 의문이 생길 수 있다. 타당도 정보로 충분할 것인데. 그렇기는 하다. 그러나 현실적으로는 신뢰도가 더 널리 사용된다. 그 이유는 타당도에 비해 신뢰도가 비교적 쉽게 수량화될 수 있기 때문이다.

▌타당도

타당도는 하나의 측정 도구가 재고자 의도한 것을 어느 정도로 잘 재고 있는가 하는 문제이다. 이러한 문제는 성취도나 지능, 창의성, 적성, 태도, 동기 등을 측정할 때 필연적으로 제기된다. 그러나 물리학에서의 길이, 부피, 질량 등과 같이 직접적인 측정 방법이 존재하는 경우와는 달리, 직접적인 관찰이 불가능한 심리적인 특성을 측정하는 도구의 타당도의 평가를 위해서는 간접적 방법을 고안하지 않으면 안 된다. 어떤 방법을 사용하든 타당도를 추정하기 위해 기본적으로 물어야 할 질문은 다음과 같다.

1. 이 검사가 정말로 목표로 한 구인을 측정하는가?
2. 이 검사가 다른 특징을 동시에 측정하고 있지는 않는

가?

3. 이 검사가 상위 학생과 하위 학생을 잘 구분하는가?
4. 이 검사에 근거한 어떤 예언이 과연 유용할 것인가?

이러한 질문들이 모두 검사의 타당도에 관한 제 측면을 담고 있다. 타당도에 관한 질문 중에서 어떤 질문을 중요시하여야 하는가는 항상 검사의 목적과 주변의 상황에 따른 문제이다. 예를 들어 학년말 화학의 학업성취도를 측정하는 표준화 검사가 있다고 하자. 이 경우에는 이 검사가 어떤 능력을 재고 있으며, 그 능력을 얼마나 잘 재고 있는지가 문제가 될 것이다. 그러나 같은 검사를 대학에서의 화학 성취도를 예언하기 위한 목적으로 사용한다면, 이 때 중요시되는 것은 그 검사가 미래의 성취를 얼마나 잘 예언하는지가 될 것이다. 이와 같이, 여러 목적에 따라 여러 유형의 타당도가 있게 된다. 그러한 유형은 크게 내용 타당도, 준거관련 타당도, 구인 타당도의 세 가지로 구분된다.

내용 타당도

내용 타당도란 검사 문항이 해당 영역 또는 구인의 내용을 얼마나 적절하게 반영하고 있는가 하는 문제이다. 내용 타당도를 검토하는 전형적인 방법은 그 방면의 전문가에게 의뢰하여 검사 문항이 해당 영역을 적절하게 표집한 것인가를 평가받는 것이다. 종종 검사 문항을 개발하는 이들은 영역의 내용을 면밀히 세분화하는 작업이 곧 내용 타당도에 상응한다고 주장하는 경우가 있는데 실제로는 그렇지 않다. 내용 타당도는 검사 문항이 개발된 후에 검토하는 일련의 작업으로 이루어지며, 최소한 다음의 단계를 밟아 검토되어야 한다.

① 해당 영역을 정의한다.
② 그 영역의 전문가를 선정한다.
③ 그 영역의 성취 행동과 문항을 비교하는 구체적 방법을 제공한다.
④ 데이터를 수집, 분석한다.

내용 타당도를 검토하는 연구를 수행하기 위해 결정하여야 할 실질적 문제들은 다음과 같다.

① 각 목표의 비중을 어떻게 정해야 하는가?

한 영역에 기술된 모든 목표에 동일한 비중을 두는 것은 일반적이기는 하나, 목표의 중요성에 따라 비중을 달리 둘 수도 있다. 그것은 검사의 목적과 관련된 문제일 것이다. 목표의 중요성에 대한 판단은 관계 전문가를 대상으로 한 조사를 통해 할 수도 있고, 학업성취도 검사 문항의 경우 그 목표를 달성시키기 위해 할당한 시간의 비율로써 정할 수도 있다. 그밖에 차후 학습과의 관련성이라는 면에서 중요성을 정할 수도 있다. 이 중 어느 방법을 사용해도 다 좋다는 것이 아니라, 이들 중 검사의 목적과 가장 부합하는 방법을 선택해야 한다는 의미이다.

② 각 문항과 관련 영역(또는 목표)의 일치도 판정을 어떻게 수행하는가?

이것은 전문가로 하여금 문항을 하나하나 검토하여 각 문항이 목표의 목록 중 어디에 해당하는지를 찾게 하는 체계적인 방법에 관한 문제이다. 일반적으로 권장되는 방법 중 하나는 전문가가 피검사자의 입장에서 검사에 응답하고, 어떤 목표에 어떤 문항이 가는가를 일정한 양식에 기록하는 것이다. 그 양식이란 상당히 공을 들여서 개발한 것으로, 관련자들이 공통적으로 사용하는 것일수록 바람직하다.

③ 문항의 어떤 측면을 평가하여야 하는가?

문항이 목표와 부합하는지를 평가하기 위해 고려하여야 할 요소로는 주제, 해당 목표를 수행하는 데 필요한 인지과정, 질문의 제시 형태, 응답의 형태 등이 있다. 예로 초등학교 1학년 산수과의 목표를 보자.

A : 합이 18 이하인 두 양의 정수의 덧셈을 할 수 있다.
B : 차가 양수인 20 이하의 두 양의 정수의 뺄셈을 할 수 있다.

이 목표를 측정하기 위한 다음의 검사 문항을 검토하여 보자.

1) 3 + 5 =
2) 12 - 10 =
3) 8 - 5 =
4) 25 - 16 =
5) 13 + 3 - 8 =

6) 영희는 인형 10개를 가지고 있다가 2개를 잃어버렸다. 영희에게는 몇 개의 인형이 남았겠느냐?

이 경우 1)번 문항은 목표 A에 일치하고, 2)번과 3)번 문항은 목표 B에 일치한다. 그러나 4)번 문항은 어느 목표와도 일치하지 않는 주제를 다루고 있다. 5)번 문항이 다루고 있는 것은 내용상으로는 목표와 일치하나, 목표에 함축된 것보다 높은 수준의 성취 행동을 내포하고 있다. 왜냐하면 하나의 문제를 푸는데 두 가지 능력을 결합하여야 하기 때문이다.

내용과 인지 과정 면에서 해당 영역과 부합한다하더라도, 질문의 제시 형태가 적절하지 않은 수가 있다. 예를 들어, 만일 교육과정에서 계산식이 가로가 아닌 세로로 제시되어 있다면, 문항 1), 2), 3)은 그 제시 형태가 적절하지 못하다. 또 질문의 제시 형태가 피검자에게 목표와 무관한 별개의 행동을 포함하는 수가 있다. 그 예로, 6)번 문항을 보자. 이 문항을 올바로 풀기 위해서는 독해 능력이 추가로 필요한데, 그것은 명백히 덧셈과 뺄셈이라는 단일한 영역을 넘어선 별개의 능력이기 때문이다. 이밖에 응답의 형태가 문제되는 경우도 있다. 예컨대, 필답고사와 구두시험은 그 응답 형태로 인하여 때때로 서로 다른 형식의 성취 행동을 측정하는 결과를 낳는 수가 있다.

준거관련 타당도

준거관련 타당도는 한 검사의 점수를 이 검사와 직접적

으로 관련이 있다고 생각되는 독립된 외적 변인(준거)의 점수 사이에 상관 정도로써 나타내는 것이다. 예를 들어, 학문적 적성검사(SAT)와 대학에서의 학점(GPA) 사이의 관계를 탐구하고자 할 때, 그것은 적성 검사의 준거관련 타당도를 연구한 것이 될 것이다.

준거관련 타당도 연구를 위한 일반적 절차는 다음과 같다.

① 검사의 목적에 부합하는 준거를 설정하고 그 측정 방법을 정한다.
② 그 검사의 대상을 잘 반영할 수 있는 적절한 피검자를 표집한다.
③ 검사를 실시하고 기록을 관리한다.
④ 준거 변인에 대한 검사를 실시한다.
⑤ 두 검사 사이의 상관 정도를 구한다.

준거관련 타당도를 연구할 때, 일반적으로 준거를 두 부류로 분류한다. 하나는 예언 타당도이고, 다른 하나는 공존 타당도이다. 예언 타당도는 한 검사 점수가 미래에 있을 다른 검사 점수를 예언할 수 있는 정도를 말한다. 예컨대, 미국의 SAT 점수는 이후에 대학에 입학하여 얻는 성적을 예언할 수 있다는 점에서 예언 타당도를 가진다. 따라서 대입 사정에서는 SAT 점수를 반영하게 된다. 공존 타당도는 그 검사 실시와 같은 시점에서 측정된 다른 준거에 의한 점수와의 상관관계로서 정해지는 경우를 말한다. 예컨대 파일럿 양성 프로그램에서 지필 검사의 점수는 동시에 실시된 실기 점수와 높은 정적 상관관계를 보인다. 이때의 지필 검사는 실기 성적이라는 준거에 의해 공존 타당도를 갖는다.

준거관련 타당화에 관한 실질적 문제

준거관련 타당도는 검사의 타당성의 근거로서 구체적인 외적 준거를 도입한다는 점에서 장점을 가지나 이를 실제로 적용하는 데에는 여러 가지 문제가 따른다. 그 중 가장 보편적인 문제를 나열하면, 준거 적합성, 표집의 크기, 준거의 오염, 범위의 제한, 검사의 신뢰도 등에서 오는 문제를 들 수 있다.

1) 준거의 적합성

준거의 적합성의 문제는 검사가 궁극적으로 측정하고자 하는, 또는 예언하고자 하는 능력과 직접적으로 관련되는 준거를 현실적으로 측정하기 어렵다는 데서 온다. 예컨대, 수술 기능, 교수의 효과성, 자립성 등의 측정에 대한 직접적인 준거는 조작적으로 정의하는 일도 어려울 뿐 아니라, 이를 관찰하기 위해서는 수년의 연구가 필요할 것이다. 이러한 점에서 준거의 신뢰로운 측정 점수는 구하는 일과 검사의 궁극적 목적에 부합하는 직접적인 준거를 구하는 일은 현실적으로 지극히 어렵다.

2) 표집의 크기

크기가 작은 표집을 대상으로 타당도의 계수를 구할 때, 표집 오차는 상대적으로 크기가 커지게 된다. 따라서 통계적 검증력은 약화된다. 예를 들어 모집단 내에서 수용할 만한 타당도를 가진 측정 도구를 실증적으로 검증하기 위해서는 약 200개 이상의 표집이 필요하다. 이것은 준거관련 타당도를 연구하기 위한 현실적인 문제가 되고 있다.

3) 준거의 오염

예언 타당도는 준거 점수에 미치는 여러 요인으로 인하여 준거의 오염이 일어날 수 있다. 예컨대 학생의 SAT 점수를 지도교수가 알게 되면 그 학생의 지도나 평점에 그 지식이 영향을 끼칠 수 있다. 그 영향은 검사 점수와 준거 점수 사이의 관계를 과대평가하거나 과소평가하게 할 수 있다. 만일 SAT 점수가 높은 학생을 영리한 학생으로 보고, 그 학생의 성취 행동을 긍정적인 눈으로 평가한다면 그것은 타당도 계수를 과대평가하게 될 것이고, 학생의 점수에서 모자라는 부분에 대해 더 많은 노력과 지도를 들인다면 그것은 타당도 지수를 과소평가하는 결과를 낳을 것이다. 어느 것이나 준거관련 타당도 연구에 체계적으로 영향을 끼치는 위협적인 요소라 할 수 있다.

4) 범위의 제한

타당도 지수는 일반적으로 검사 점수와 준거 점수 사이

의 상관계수에 의해 측정하는데 이 때, 범위가 제한되면 상관관계는 과소평가된다. 타당도 검사에서 범위의 제한은 흔히 일어나는 일인데, 대체로 다음 몇 가지의 대표적인 경우를 들 수 있다. 첫째, 검사가 선발을 목적으로 하는 경우이다. 예컨대, 검사 점수를 선발의 기준으로 사용했을 경우 예측 변인 점수는 선발된 집단만을 대상으로 하기 때문에 선발되지 않은 하위 집단이 제외된다. 그것이 낮은 상관관계를 내게 된다. 또 한 가지, 범위의 제한은 예언변인이나 준거 중 한 측정 도구가 너무 쉽거나 어려운 문항으로 구성될 때 나타나는 통계적 회귀현상 때문에 생길 수도 있다. 대상의 체계적 탈락 때문에 범위의 제한이 일어나는 수도 있다. 예컨대 어떤 병의 증상을 나타내는 지수와 이후의 언어발달 정도 사이의 상관관계를 구하고자 할 때 증상이 극히 심한 집단이 사망함으로써 범위의 제한이 생길 수 있다. 이렇게 되면 물론 상관관계는 감소하게 될 것이다.

5) 검사의 신뢰도

각각 두 가지 검사 점수를 근거로 각 검사 사이의 상관계수를 측정할 때 각 검사의 신뢰도가 매우 높지 않으면 구해진 계수는 별 의미가 없다. 즉,

$$r_{xy} \leq \sqrt{r_{xx'}}\sqrt{r_{yy'}}$$

위 식에서 표현되고 있는 것처럼 논리적으로 두 검사지의 상관계수를 각 검사의 신뢰도의 제곱근의 곱을 넘을 수 없다. 예컨대, 검사의 신뢰도가 .81 이고 준거 관련 검사의 신뢰도가 .64 인 경우 두 검사의 상관계수는 0.9×0.8 인 0.72 를 넘을 수 없다. 이러한 신뢰도의 문제가 준거관련 타당도의 현실성을 제한하는 한 요인이 된다.

구인 타당도

구인이란 일종의 과학적 상상의 소산으로서, 직접 관찰한 자료를 분류하거나 설명할 수 있는 특성을 말한다. 심리적 구인을 직접 관찰하는 것은 불가능하다. 예컨대, 지능, 창조성, 독립성, 내향성-외향성 등의 특성을 관찰할 수 없다. 따라서 구인 타당도를 확인하기 위해서는 두 가지의 중요한 여건이 충족되어야 한다. 첫째, 구인을 측정하기 위한 극히 구체적인 조작적 정의가 선행되어야 한다. 둘째, 하나의 구인과 다른 구인과의 관련성은 이론적인 해석과 일치됨을 보여야 한다. 다시 말하자면 조작적인 정의 이외에도 그것이 다른 변인과 어떻게 관련되어 있는가에 대한 명백한 설명력을 가져야 한다는 것이다. 구인 타당도를 연구하기 위한 절차는 일반적으로 다음과 같다.

① 각 구인에 대하여 이론에 근거한 가설을 설정한다.

② 구인에 대한 구체적 행위를 반영한 문항으로 구성된 검사를 선정하거나 개발한다.

③ 가설 검증을 위해 필요한 실증적 자료를 수집한다.

④ 가설 검증 결과가 예측한 대로인지 확인하고 그 결과에 대한 다른 해석의 가능성은 없는지 검토한다.

구인 타당도의 연구에서는 여러 가지의 서로 보완적인 증거를 필요로 한다. 가장 널리 사용되는 접근법 세 가지를 보기로 하겠다.

1) 구인의 측정치와 지정된 다른 점수와 상관관계

대표적인 예로 지능이라는 구인은 지능 점수와 학교 또는 직장에서의 성취 점수 사이에 높은 상관관계가 입증되어 그 타당성의 증거로 알려져 있다. 그러나 상관 연구를 통해 어떤 적절한 증거에 의하여 한 구인이 구성될 수 있는지에 관한 일반적 지침은 없다. 이러한 접근의 구인 타당도는 단일한 연구에 의한 결과로서는 큰 의미가 없고, 여러 연구가 누적되고, 또 서로 비교되어야 한다.

2) 집단 간 차이 연구

이러한 접근법의 예로 성 역할 지각 척도를 남녀 집단에 실시하고, 남자 집단과 여자 집단의 평균의 차이가 이론적으로 예측되는 것과 같은 결과로 나타나는지 보는 일이 있을 수 있다. 만일 예측된 차이가 나타나지 않는다면 그것은 성 역할 지각이라는 구인이 실제로 존재하지 않거나, 측정 도구가 그 구인을 제대로 반영하지 못했거나, 아니면 이 두 가지 이유가 다 해당된다는 증거로 해석될 것이다.

3) 요인분석 (factor analysis)

요인분석은 검사에 사용된 n개의 하위 변인을 n×n 상관 매트릭스로 계산한 후, 특정 분석의 기법을 사용하여 하위 변인의 배후에 존재하는 몇 개의 요인을 찾아가는 방법이다. 즉, 문항 간의 상호 상관관계가 이론적으로 예측되는 것과 같은 방법으로 한데 모아질 수 있는 패턴을 보이는가를 검증하는 작업이다. 즉 실증적으로 관찰된 요인이 검사의 개발자가 문항을 구성할 때 이론적으로 설정한 가설과 일치되는가를 검토하는 작업이 요인분석이다.

4) 타당도 교정 공식

지금까지 소개된 타당도 중 두개의 점수의 상관계수로서 표시된 타당도 계수는 각 점수의 신뢰도에 의해 과소평가된 상관관계를 가지게 된다. 이를 교정하기 위한 공식은 다음과 같다.

$$r_{TxTy} = \frac{r_{xy}}{\sqrt{r_{xx'}}\sqrt{r_{yy'}}}$$

r_{TxTy} : 진점수의 상관계수 (교정된 상관계수)

r_{xy} : 측정된 상관계수 (원래의 상관계수)

$r_{xx'}$: x 검사의 신뢰도

$r_{yy'}$: y 검사의 신뢰도

이 공식은 절대적인 의미를 갖는 것은 아니고, 어떤 실증적인 증거 자료로 사용하기에는 우연에 의존하는 부분이 너무 크다. 검사 도구의 신뢰도가 완전할 때 타당도는 이러한 수치까지 기대할 수 있다는 정도로 해석하는 것이 올바르다.

신뢰도

한 검사의 신뢰도는 그 검사가 측정하고 있는 측정치가 일관된 정도를 말한다. 이러한 특성은 어떤 측정에서나 매우 중요한 요소가 된다. 신뢰도는 측정의 오차가 어디에서 오는가를 탐색하는 내용으로 구성된다. 측정의 오차가 우연으로부터 오는가 아니면 체계적인 장치에서 오는가에 따라 신뢰도는 타당도와 구분된다.

한 검사의 오차 부분과 진점수의 부분을 나누어 생각해 보면 검사 점수는 다음의 등식으로 표현될 수 있다.

$$X = T + E$$

X : 검사 점수
T : 진점수
E : 오차

여기에 분산의 개념을 도입하면 각 점수의 분산에 따른 다음 등식이 성립한다.

$$\sigma_x^2 = \sigma_t^2 + \sigma_e^2$$

즉 검사 점수의 분산은 진점수의 분산에 오차 분산을 합한 것과 같다는 의미이다.

이 때 신뢰도는 다음과 같이 정의된다.

$$신뢰도 = \frac{진점수분산}{관찰된점수분산}$$

또는

$$r = \frac{\sigma_t^2}{\sigma_x^2}$$

즉 신뢰도는 진점수의 분산과 관찰된 점수의 비이다. 그런데 진점수는 개념적으로만 존재하므로 이를 다른 식으로 바꾸면 다음과 같이 나타낼 수 있다.

$$\sigma_t^2 = \sigma_x^2 + \sigma_e^2$$

$$r = \frac{\sigma_x^2 - \sigma_e^2}{\sigma_x^2}$$

우연으로부터 오는 오차, 즉 신뢰도를 낮추는 요인은 세

부류로 나누어진다.

① 시간의 경과에 따라, 학생의 성숙이나 피로, 또는 그 날의 사정에 따라 측정치가 조금씩 변할 수 있다.

② 측정 도구에 의해서 검사가 다의적으로 해석될 수 있거나 검사 실시상의 변화에 의해 측정치는 달라질 수 있다.

③ 표집의 수에 의해서, 관찰한 행동의 빈도가 작을수록 그 측정치는 안정성을 잃고 오차의 영향을 많이 받게 될 것이다.

이러한 세 종류의 오차의 원천을 고려하여, 신뢰도는 다음 세 가지 방법에 의해 추정된다.

시간의 경과에 따른 안정성(Time Sampling)

이것은 흔히 검사-재검사 신뢰도로 불린다. 검사를 실시했던 같은 집단에게 시간이 경과한 다음 같은 검사를 실시하여 두 가지 점수의 상관계수로써 신뢰도를 추정하는 방법이다. 이 방법은 신뢰도의 개념에 가장 가까운 현실적 연구 방법이라는 장점이 있는 반면, 측정하는 특성이 시간의 경과에 따라 비교적 영향을 받지 않는 안정성을 가진다는 것을 가정을 필요로 한다.

예컨대 체력장 검사와 같은 경우 그러한 가정을 할 수 있다. 그런데 이 방법을 인지적 영역에서 사용하기 위해서는 검사 결과가 학습, 성숙 등의 효과에 영향을 받지 않는다는 전제가 충족되어야 하기 때문에 그 사용이 제한적이라 할 수 있다.

동형 검사에 대한 신뢰도

동형 검사란 같은 목적의 같은 절차를 밟아 개발한 두 가지 검사를 같은 집단에게 실시하여 두 검사 결과의 상관계수를 구하는 방법이다. 이때의 상관계수는 두 가지 점에서의 신뢰도 정보를 줄 수 있다. 하나는 시간의 경과에 따른 분산의 변화요, 또 하나는 한 형태와 다른 형태의 검사에 대한 분산의 변화이다.

그러나 이 방법의 제한점은 동형 검사라는 것을 어떻게 만들며 어떻게 그 동형성이 입증될 수 있는가 하는 문제가 매우 어렵다는 데 있다.

문항의 내적 일치도

이 방법은 신뢰도에 관한 정보를 외적 준거에 의하지 않고 내부에서 구하는 방법이다. 문항 내부에서 구하는 방법이란 문항 간에 내적 일치도를 구하는 것을 말한다. 내적 일치도는 검사 문항을 반으로 나누어서 두 반쪽 검사의 상관계수를 구하는 반분 신뢰도와, 각 반분 신뢰도의 평균 정도를 보는 α 계수를 구하는 방법으로 나누어진다.

1) 반분 신뢰도

반분 신뢰도는 검사 문항을 반으로 나누어(주로 기우 반분 신뢰도를 많이 사용한다) 두 반쪽 검사 사이의 상관계수를' 구한다. 이 때, 문항 수가 반으로 줄었으므로

Spearman -Brown의 교정 공식을 사용하여 상관계수를 수정한다.

$$r = \frac{2r_{xy}}{1 + r_{xy}}$$

r : 수정된 신뢰도

r_{xy} : 반분 신뢰도

2) Chronbach's alpha

가능한 모든 반분 신뢰도의 평균이라 할 수 있는 α 계수를 구하는 방법은 Chronbach에 의해서 개발되었기 때문에 이를 Chronbach's alpha라 한다. 각 문항이 구간 척도로 되어 있을 때, α는

$$\alpha = \frac{k}{k-1}\left\{\frac{(SD)^2 - \sum (SD_i)^2}{(SD)^2}\right\}$$

α : Chrobach's alpha

k : 문항 수

$(SD)^2$: 총 검사 점수의 분산

$\sum (SD_i)^2$: 각 문항 점수의 분산

3) KR 20

각 문항 양분 척도(맞거나 틀리거나 하는)일 때는 Kuder - Richardson의 방법을 사용한다. 이는 흔히 KR 20 라고

불린다.

$$r = \frac{k}{k-1}\left\{\frac{(SD)^2 - \sum pq}{(SD)^2}\right\}$$

r : KR 20

k : 문항 수

$(SD)^2$: 총 검사의 분산

p : 정답 비율

q : 오답 비율

이 방법은 한 번의 검사 실시로서 신뢰도 값을 구할 수 있다는 점에서 장점이 있지만, 검사가 명백히 다른 여러 특성을 측정하는 경우 신뢰도 값을 과소평가하게 된다는 단점이 있다. 또 너무 어렵거나 시간이 충분히 주어지지 않아서 피검사자가 풀지 못하고 남겨 놓은 문항이 많을 때 신뢰도의 값을 제대로 반영하지 못한다는 단점이 있다. 지금까지 타당도와 신뢰도의 개념과, 현실에서 그것을 추정하는 방법에 대해 알아보았다. 한 가지 덧붙이고 싶은 말은 타당도와 신뢰도 확보를 위해 검사지 개발 단계에서 체계적인 노력을 투입하되, 보고서 작성 때 이 수치를 과대포장하지 말라는 것이다. 연구는 시간과 비용의 현실적인 제약 때문에 이상적인 방법을 취하기 어렵다. 이것은 누구나 인정하는 것이다. 타당도와 신뢰도에 결정적인 문제가 있으면 당연히 수정하거나 새로 만들어야 하겠지만, 어느 정도의 결함은 당연히 예상되는 것이다. 이를 정확히 보고

하여 결론을 해석하는 데 참고로 하게 한다면, 그것은 누구도 탓하지 않을 것이다. 오히려 연구 소양에 대하여 높은 점수를 줄 수도 있다. 많은 경우, 타당도의 수치가 떨어진다면 보려고 했던 변인의 효과, 즉 처치효과 또는 Treatment Effect는 과소평가될 가능성이 높다. 연구 논문에서 타당도와 신뢰도를 보고하는 부분은 연구자의 엄격한 사고방식과 연구에 대한 태도를 나타내는 지표가 될 수 있다.

오래 전의 일화를 하나 소개하고자 한다. 바쁜 독자는 그냥 건너뛰어도 될 만한 내용이다. 그러나 이 이야기를 읽고도 웃지 않는다면 이는 책의 내용 파악에 문제가 있다는 조짐이니, 확인을 위해서 이 글을 읽는 것도 좋겠다.

한 15년 전쯤의 이야기다. 교육과정에 관한 내 강의를 수강했던 한 여학생이 수심에 찬 얼굴로 나를 찾아왔다. 평소 똑똑하고, 리포트에서 창의적인 면을 보여 주었기 때문에 얼굴을 기억하는 학생이었다. 그는 학위 논문 작성의 막바지에서 데이터 분석을 하는 일에 문제를 겪고 있었다. 연구법이나 통계처리에 관한 지식이 없기 때문에 학교 앞 복사점에서 통계 처리를 부탁했다. 30만원을 줬다고 기억한다. 도둑도 이런 도둑이 없지만 당시엔 많이들 그랬다. 요즘은 어떤지 모르겠다. 통계 처리는 t-test였다. 그런데 분석의 결과, 유의도 수준 0.05에서 영가설이 기각되지 않았다. p값이 0.07 정도였다. 걱정과 고민의 시간을 보낸 이 여학생은 30만원을 더 지출할 결심을 했다. 그리고 통계

처리를 해 주었던 사람에게 부탁을 했다고 한다. 유의도 수준을 0.10으로 하여 한 번 더 통계 처리해 달라고. 그러자 그 청년이 이렇게 말했다고 한다. 유의도 수준을 바꿔서 다시 분석할 수는 있지만 그렇게 하면 신뢰도가 떨어질 텐데요 하고.

읽을거리 • • •

논문 용어의 속뜻

논문에서 사용되는 말은 어떤 주장을 객관적으로 뒷받침하는 데 초점을 두어야 한다. 감상이나 수식 따위는 필요치 않다. 그러나 논문을 쓰는 과정에서 그렇게 엄정한 사실과 객관에 의존한 과학주의에 철두철미할 수만은 없는 것이 인간의 일이다. 예를 들면 만유인력이나 상대성원리를 새삼 증명할 필요는 없다. 굳이 원전을 인용할 것까지도 없다. 또한 교수는 조교나 대학원생의 도움을 받아서 실험하거나 논문을 쓰는 경우가 많다. 이럴 때에는 논문에 그 사연을 간단히 설명하거나 조력자에 대한 사의를 표하면 된다.

이렇게 해서 빠져 나갈 수 있는 크고 작은 구멍을 통하여 논문은 그 미완의 부분을 어물쩍거리며 넘어가는 경우가 많다. 플로리다 대학(University of Florida)의 코란(M. L. Koran) 교수가 대학원 수업 시간에 제시한 몇 가지 경우를 살펴보겠다.

1. 널리 알려진 바와 같이

   It has long been known

   ⇒ 원전을 찾아보지 않았다는 말이다.

2. 하나의 뚜렷한 경향을 볼 수 있다.

   A definite trend is evident.

   ⇒ 여러 사람이 그렇게 말하고 있으므로 나도 그렇게 알고 있을 뿐이라는 뜻이다.

3. 이러한 의문에 대한 명백한 해명은 이루어지지 않았으나
While it has not been possible to provide definite answers to these questions
⇒ 이 실험은 실패로 끝났으나 그래도 그 노력의 흔적이 인정되기를 바란다.

4. 세부적인 연구를 위하여 세 개의 샘플을 채택한 바
Three of the samples were chosen for detailed study
⇒ 다른 샘플의 결과는 뒤죽박죽이었다.

5. 그 결과는 장차 보고될 예정이다.
These results will be shown in a subsequent report.
⇒ 심한 압력을 받는다면 이 문제를 다시 다룰지도 모르겠지만 지금은 이 정도에서 끝내고 싶다.

6. 가장 믿을 만한 결과는 죤스에 의해 얻어졌다.
The most reliable results are those obtained by Jones.
⇒ 그는 내 지도교수이다.

7. 그 현상을 완전히 이해하기 위해서는 더 많은 연구가 있어야 한다.
It is clear that much additional work will be required before a complete understanding of how the phenomenon occurs.
⇒ 나는 그 현상을 잘 알 수 없다는 고백이다.

8. 이 논문이 이 분야의 더욱 많은 연구를 촉진할 것으로 기대한다.
It is hoped that this study will stimulate further investigation in this field.

⇒ 사실 이 논문은 신통치 않은 것이지만 이 빌어먹을 분야에 있어서는 다른 논문들도 마찬가지이다.

9. 실험의 보조를 해준 죠 블로쯔와 귀중한 조언을 해준 죠지 프린크에게 감사한다.

Thanks are due to Joe Blotz for assistance with the experiment and to George Frink for valuable discussions.

⇒ 일은 모두 블로쯔가 했고, 결과에 대한 분석은 모두 프린크가 맡았다.

10. 사용 가능한 모든 데이터를 분석한 결과

After analysis of all available data

⇒ 맥주를 엎질러서 몇 개의 데이터가 날아갔다.

코란 교수는 이런 예를, "알아두면 유용한 논문의 표현"이라고 소개했다. 물론 유머러스한 표현이지만, 어느 정도는 현실적으로 이런 일들이 허용된다는 것을 암시하고 있다고도 볼 수 있다. 그러나 노련한 교수들이 아무 말 없이 넘어갈지라도 그들은 이런 속사정쯤은 한눈에 꿰뚫어 보고 있음을 알아야 한다.

좋은 논문이 갖추어야 할 요소

좋은 논문은 학문적 가치 이외에도 좋은 문학 작품처럼 읽는 이에게 즐거움을 준다. 그런데 어떤 논문이 좋은 논문인가? 여기에 대한 의견은 매우 다양할 것이다. 나는 개인적으로 논문의 질을 평가하는 데 관련성, 독창성, 명확성, 학문적 소양의 네 가지 기준을 사용한다. 이 기준은 표현 방식의 차이가 있을지는 몰라도 일반적으로 사용하는 데 큰 무리가 없을 것으로 안다.

관련성 (Relevance)

논문 심사를 할 때 나는 그 논문이 주제에 합당한 단단한 이론적 기반 위에 자리 잡고 있는가를 본다. 또 연구 설계에는 결함이 없는가를 살핀다. 이것은 논문이 갖추어야 할 가장 기본적인 조건으로서, 이것이 갖추어져야 논문은 비로소 논하여야 할 것을 제대로 논할 수 있다. 이를 관련성이라 한다. 만일 주제에 부합하는 이론의 맥을 짚지 못하거나 지엽적인 논의에 빠져 있다면, 또 연구 문제에 합당한 연구 설계를 하지 못하여 엉뚱한 해석의 가능성을 배제하지 못한다면, 이는 전체적으로 공부가 부족한 것이며 부분적인 수정으로 해결될 수 있는 문제가 아니다.

나는 이 관련성의 기준이 충족되면 나머지 세 영역에서의 결함은 비교적 너그럽게 지나가는 편이다. 그러나 다른 심사위원들도 모두 그런 것은 아니다. 논문 통과 여부를 결정하는 것이 아니라 좋은 논문을 선발하는 자리라면, 관련성의 기준은 당연히 충족되어 있을 것이고, 다음 세 기준의 점수가 결정적일 것이다.

독창성 (Originality)

독창성이란 베끼지만 않으면 된다는 뜻이 아니다. 세상에 없는, 전혀 새로운 논문을 만들어 내란 뜻은 더욱 아니다. 논문은 주제 선정이나 구성, 전개 등 모든 면에서 기존의 이론에 근거하지 않으면 안 되는 것이다. 그러면서도 독창적이어야 한다는 것이 선뜻 이해하기 어려울 것이다. 그만큼 이것에 대하여 설명하기도 어렵다. 어느 정도 경험이 축적되어야 이해할 수 있는 의미도 있다. 중요한 것은 자기 목소리가 있어야 한다는 것이다. 예컨대, 이론적 배경에서, 누구는 이렇게 말했고, 누구는 또 저렇게 말했고 하는 이야기로 일관한다면 이것은 자기 목소리가 없는 것이다. 같은 인용이라도 그 흐름을 관통하는 자기 목소리를 낸 다음에 그 의견을 뒷받침하는 증거로 제시한다면 독창성을 확보할 수 있게 된다. 또 이론의 한 부분을 수정하거나 하나의 지식을 보탠다는 논문 본연의 기능을 충실히 고수한다면 독창성은 함께 올 것이다.

명확성 (Clarity)

명확성의 기준은 논문에 사용된 용어나 설명이 분명하고 오해의 가능성이 없어야 한다는 의미로 설정된 것이다. 논문에 사용되는 용어가 반드시 일상의 상식과 일치되어야 한다는 것은 아니다. 연구자는 개를 닭이라고 정의하여도 좋다. 그러나 그렇게 되면 그 논문의 시작부터 끝까지 개는 닭이 되어야 한다. 또한, 실험의 절차를 설명할 때, 명확성을 확보하기 위한 방법을 설명하기 위해 **Idiot proof**라는 말은 흔히 쓴다. 즉, 어떤 바보가 그 글을 보아도 연구자가 한 것과 똑같은 절차를 밟아 실험을 되풀이할 수 있어야 한다는 의미이다.

학문적 소양 (Scholarly evidence)

학문적 소양은 자기가 주장하는 말에 대한 근거를 제시하는 능력을 말한다. 흔히 관찰되는 학문적 소양 부족 증상은 자신이 주장하는 말을 뒷받침하는 근거를 아예 제시하지 않거나, 다른 사람의 말을 인용하는 것으로 때우는 것이다. 그러나 다른 사람 아무개가 그렇게 말했다는 것이 그 말이 사실임을 입증하는 것은 아니다. 과학적 논문에서 인정하지 않는 것 중에 신념, 권위 등이 있다는 것은 앞에서 이미 말했었다.

많은 경우, 연구자가 주장하고 싶은 것을 뒷받침하는 일은 어렵다. 이럴 경우, 학문적 소양의 점수를 잃지 않는 방법은 단정적인 말을 사용하지 않는 것이다. 그러나 확실한 증거가 있는데도 유보적인 태도를 취하는 것은 또한 학문적이지 못한 것이니 냉철한 판단이 필요하다.

[읽을거리]

박사학위 과정 최종심사

대학에서 일어나는 행사 중에 이보다 더 장엄하고 흥분되는 일이 있을까. 대부분의 사람들이 이맘때쯤이면 몸과 마음이 피폐해져서 더 이상 견디기 어려운 마지막 고비에서 마침내 맞이하게 되는 것이 이 날이다. 운전면허 시험은 이미 지났고, 이제 이 시험만 통과하면 내 인생에서 더 이상 시험은 없다는 생각도 들 것이고 (글쎄, 과연 그렇게 될까?), 결과를 초조히 기다리는 가족과 친구들을 뒤에 두고 시험장에 들어가는 마음은 떨릴 것이다. 지도교수는 편안한 표정으로 가벼운 농담을 해올 것이다. 그 의도를 짐작하지 못할 바보는 없으나, 긴장은 좀처럼 해소되지 않는다.

클라이맥스는 질문과 대답을 마친 후에 준비되어 있다. 심사위원장이 부를 때까지 좀 나가 있으라고 하는 것이다. 복도에 나간 피시험자는 초조한 마음을 추스르기 위해 뭔가 읽을거리를 찾게 되어 있다. 벽에 붙은 게시판, 식단표, 안내 표지 등. 이윽고 멀리서 지도교수의 손짓이 보이고, 결과를 알게 될 때까지의 짧은 순간이 왜 그리 길게 느껴지는지. 공자님이라도 이날 저녁에는 독한 소주를 원 샷

하실 것이다.

실은 최종 심사 일정이 잡힌 순간 박사학위 취득은 거의 결정된 것이나 다름없다. 통과가 비관적인데도 그런 일정을 잡는 지도교수는 거의 없기 때문이다. 그러나 최종 결정이 있을 때까지는 그런 내색을 비춰선 절대 안 된다. 심사위원들은 그런 태도를 아주 싫어한다. 그 단계에서 이들에게 나쁜 인상을 주는 것은 꿈속에서도 해선 안 되는 일이다. 심사 당일에는 옷을 단정하게 입음으로써 내가 이 일을 중요하게 여기고 진지하게 임하고 있다는 것을 나타내는 것이 좋다. 그리고 약간 긴장된 모습을 보이는 것은 전혀 나쁘지 않다.

심사위원의 지적에 대해서는 논쟁을 하는 것보다는 부지런히 받아 적는 것이 현명하다. 운이 좋을 경우, 심사위원끼리 서로 의견이 맞지 않아 논쟁으로 흘러가는 수가 있는데, 이럴 땐 학생은 그냥 즐기고 있으면 된다. 이 경우에도 겉으로는 절대 그렇게 보여선 안 됨은 물론이다.

심사 결과는 무조건적 통과와 조건부 통과, 그리고 불합격이 있는데, 무조건적 통과는 현실적으로 본 적이 없다. 조건부 통과는 논문의 일부 수정을 전제로 통과시켜 주는 것이다. 대부분의 경우가 이렇다. 머릿속이 혼란스럽겠지만 정신을 바짝 차리고 무엇을 어떻게 수정하란 말인지 구체적으로 알아야 나중에 고생을 덜 한다. 이 단계에서는 약간의 추가 고생이 몸과 마음에 주는 충격이 대단하기 때문에 수정 한 번으로 끝낼 수 있도록 노력하는 것이 현명하다.

이런 일은 거의 없지만, 불합격 판정을 받으면 하늘이 노랄 것이다. 그러나 이런 경우는 슬퍼할 경황도 없다. 냉정을 유지하고, 앞으로 어떻게 해야 이 지옥을 빠져 나갈 수 있는지 분명하고 구체적으로 알고 나와야 한다. 울어도 그 다음에 울 일이다.

박사학위 취득의 중요한 의미는 학생에서 학자의 일원이 되었다는 점과, 이제부터는 지도교수의 감독이 없어도 연구를 수행할 수 있다는 인정을 받았다는 데 있다. 따라서 박사란 모든 것을 다 아는 사람이 아니라, 자율적으로 연구하고 배울 수 있는 사람을 뜻한다. 교육학자의 일원으로서, 동료 학자들의 도움을 받고, 그들로부터 배우기를 게을리 한다면 이는 박사학위 본래의 취지에 어긋난다. 써 놓고 보니 나 자신이 약간 찔리는 점이 있지만, 그래도 이것은 숨길 수 없는 사실이다.

책을 마치며

이 책의 앞부분을 다 읽고 여기에 이른 독자는 어찌 보면 내 강의를 들은 수강 학생이라 할 수 있다. 독자가 이 책을 사서 공부하기로 결정한 일을 산중에서 스승을 만나 무공을 배운 일에 비유해도 좋다면, 이제는 더 가르칠 것이 없어 하산하는 단계라 말할 수 있겠다. 하산하는 제자에게 당부하는 심정으로 하고 싶은 말이 있다. 세 가지가 있는데, 그 모두가 수련 중에 누누이 강조하던 말이다.

▌배운 재주를 올바른 일에 사용하라

무공을 가르치는 스승은 누구나 그 재주를 올바른 일에 사용하라는 것을 제일 먼저, 그리고 제일 나중까지 강조할 것이다. 무공은 다른 사람을 신체적으로 제압하는 재주이기 때문에 이를 무분별하게 사용한다면 그것은 사회적으로 큰 해를 끼치는 일이기 때문이다. 따라서 그 용도의 정의로움이 전제되지 않고서는 무공이란 범죄일 수도 있다. 교육 연구 방법도 마찬가지이다. 이것도 단순하게 보면 교육에 관한 지식을 생산하는 재주이기 때문에 아주 단편적이고 지엽적인 지식을 양산하는 결과를 초래할 수 있다. 그러나 그래서는 그 가치가 떨어질 수밖에 없다.

누누이 강조했지만, 연구란 많은 것을 알아내는 것이 아니라 작은 한 가지에 대하여 결론을 내는 것이다. 단, 이렇게 결론지어지는 작은 일이란 큰 이론의 한 부분을 말하는 것이지 단편적이고 지엽적인 한 지식을 말하는 것은 아니다.

결론적으로, 배운 재주를 올바른 일에 사용하라는 말은 교육 연구의 장면에서는 지식을 얻는 재주를 교육 이론의 형성에 기여하는 방향으로 사용하라는 의미이다. 이것은 교육 연구 방법의 시작과 끝을 관통하는 기본자세이다.

대학원 학생들은 졸업할 때까지 일련의 시련을 겪는다. 각 학과목에서 살아남기와, 논문 심사 통과가 그것이다. 그 과정에서 많은 사람들이 실패하거나 자존심에 큰 상처를 받는다. 그렇지 않더라도 대부분의 사람들이 심한 마음고생을 한다. 적어도 이 책을 읽은 학생들만은 그 고생을 조금 덜 하기를 기대한다. 대부분의 사람들이 고생하는 이유는 이런 시련을 각각 독립적인 것으로 받아들이기 때문이다.

먼저 많은 고생을 겪은 후에, 학과목과 자격시험에서 살아남은 학생들은 이제 마지막 시련인 논문 통과를 위해 노력한다. 그들은 그동안 고생했던 일에 대해 모두 잊어버리고, 새로운 시련에 대비한다. 지금부터는 교육 연구 방법이 자신의 갈 길을 밝혀 줄 유일한 등불이라고 생각하고, 그 강의 내용을 떠올리고 책도 사서 읽는다. 그러나 뜻밖에 그렇게 하면 일은 잘 되지 않는다. 아무리 하고 또 해도 같은 결과만 되풀이될 것이다. 빨리 논문을 써 치우고 이 난관을 벗어나고 싶은 생각이 굴뚝같을 것이다. 그러나 논문을 쓰는 것은 새로운 시련이 아니라 그 앞의 시련, 즉 학과목에서 살아남기의 연속이라는 사실을 알아야 한다. 논문 작성과 학위 취득을 위해 작은 재주에 의존하려 하지 말고, 큰 재주, 즉 교육학 이론 형성에 기여하는 길을 찾길 바란다. 제일 먼저 할 일은 그동안 내가 학과목에서 얻은 바, 그렇게 해서 얻은 교육에 대한 나의 안목이 어떤 것인지를 성찰하는 일이다. 구원의 길은 그 속에 있다. 논문을 쓰는 재주는 그 다음 다음의 일이다. 만일 학과목을 수강하는 과정에서 이 책을 접한 독자라면, 학과목에서 다루어지는 내용을 이론 형성이라는 관점에서 음미하길 바란다. 핵심은 이런 것들이다. 이 모든 지식이 전체적으로 모여서 형성하는 큰 그림은 무엇인가, 우리가 어떤 문제에 대해 알고 있는 것은 무엇이고, 알지 못하는 것은 무엇인가, 이러한 상황에서 더 알아야 할 필요가 있는 것은 무엇인가 등의 관점에서 재조명해 보는 것이다. 그러면 학점을 따는 데에도 유리할 것이고, 차후 논문 주제를 정하는 데에도 고생을 덜 수 있을 것이다.

▌무술 사부의 마지막 가르침 : 36계

무예를 배우는 이들에게 최후의 관문이 36계, 즉 달아나는 법이라고 들었다. 과연 사부는 어떤 마음에서 그것을 가르치는 것일까, 짐작이 되는 것 같다. 지금 나의 그것과 같은 심정일 것이다. 교육 연구에서 가장 경계해야 할 일은 오류에 빠지는 것이다. 그래서 잘못된 결론을 내리게 된다면 이는 학자로서, 연구자로서의 실패를 의미한다. 한없이 두려워하고 조심할 일이다. 연구를 수행함에 있어서 겁 없이 밀어붙이는 학자는 결국 경쟁력 없는 불량품에 불과하다.

연구 과정에서 조금이라도 난관에 부딪히게 되면 이를 정면으로 돌파하려고 하기보다는 즉시 물러서서 교수나 동료에게 묻고 의논하여야 한다. 그것은 실력이 부족하다는 것을 뜻하는 것이 아니라, 정통파 연구자의 올바른 자세이다. 또다시 강조하거니와, 연구자는 단독으로 지식을 생성하는 개별자가 아니라, 전 세계적으로 포진되어 있는 이론 구축 시스템의 일원이라는 점을 명심하자. 그런 의미에서 커뮤니케이션 능력은 가장 중요한 연구 소양의 하나이다.

항상 수련에 힘쓰라

교육 연구의 길을 택한 이들은 이미 한 분야의 전문가의 길로 들어선 것이다. 학위만 따면 다시는 쳐다보지도 않을 것처럼 생각되었던 내 분야는 어느새 내 인생이며 숙명이 되어 있다는 것을 깨달을 것이다. 그것으로 인해 알게 된 사람들과 인연이 오래 가고, 내 직장과 내 생활이 이 일을 중심으로 만들어질 가능성이 높다. 사람의 인생이란 게 이런 식으로 정해지는 것 같다.

교육 연구의 동료라 생각했던 사람 중에는 엉터리, 심지어 가짜도 있다. 알아야 할 것을 다 알지 못하고도 난처한 모든 순간을 모면하여 모든 난관을 통과하는 일도 불가능하지는 않다. 물론 운과 함께 많은 잔기술이 필요하겠지만. 어떤 사람은 자기가 모르는 것을 들통 내지 않기 위하여 애처로울 정도로 노력을 하는 것을 보았다. 그런데 안타깝게도 그것은 자신의 전공 분야에서 당연히 몰라도 되는 것이었다. 요즘 말로 "안습"이다. 이 인생이 얼마나 피곤하고 긴장의 연속일지 짐작하기조차 어렵다. 가짜 휘발유를 만드는 데 가장 많이 들어가는 재료가 진짜 휘발유라고 들었다. 어차피 쓸 휘발유를 마저 다 쓸 것이지, 왜 그 작은 부분에 잔머리를 굴려서 이 고생을 하는지 이해하기 어렵다. 알아야 할 것을 제대로 알고 넘어가지 않으면 오래오래 말 못하는 속병으로 남는다.

나아가서 인격의 수련도 중요하다. 연구자는 기본적으로 오류에 빠지는 것을 경계해야 하기 때문에 항상 까칠하고 모든 것을 의심하고 부정적으로 생각하는 태도를 형성하기 쉽다. 여기에 논문 작성 과정에서 받은 스트레스도 한몫할 수 있다. 인품이 뒷받침되지 않으면 주변에 피해를 줄 수 있다. 그것은 곧 한 학자로서의, 한 인간으로서의 자신의 등급을 말해줄 것이다. 결론적으로, 항상 수련에 힘쓰라. 그것이 진짜 프로의 모습이다. 그게 더 쉽고, 그게 더 행복하게 사는 길이다.

교육 연구의 원리

첫판 1쇄 2008년 8월 29g10일

지은이 조정우

펴낸이 장석홍

펴낸곳 도서출판 장서원

140-160 서울 용산구 남영동 7-1(201호)

전화 703-5362 팩스 797-5362

등록 제 03-01213호

shjang1011@ hanmail.net

정가 20,000원

파본은 바꿔드립니다.